伐木丁丁，鳥鳴嚶嚶。
出自幽谷，遷于喬木。
嚶其鳴矣，求其友聲。
相彼鳥矣，猶求友聲。
矧伊人矣，不求友生？
神之聽之，終和且平。

——《詩經・小雅・伐木》

以斧伐樹的聲音咚咚作響，鳥雀嚶嚶鳴叫著。
鳥兒從幽深的山谷中飛出，遷移到高大的喬木上棲息。
牠為何嚶嚶叫喚著？為了尋覓知音！
看那小小的鳥兒，還知道要尋找同伴，
何況是人哪，豈能不知重友情呢？
天上神靈請聆聽，賜予和樂與寧靜。

像鏡子一樣的朋友

媒體教母・「知行者管理學院」創辦人
余湘 著

目錄

〈側寫余湘〉

有光的地方就有陰影

林純如

余湘。第一次聽到這個名字大概是在十年前，在長澍位於木柵的地下室辦公室裡。

那個時候謝導與材俊照常在每個星期三聊些讓人消化不良腦筋打結的深沉話題，與那個位於地底下的辦公室一樣，思維與語言的重量將你壓到地底下，只夠你艱難地喘氣。

余湘上桌的時候，我沒看見人，只聽見聲音，如一個小女孩的清亮聲音。那聲音不論是音調或內容，都纖細輕盈如無物，沉重的地下室彷彿異物侵入，瞬間改變了空氣濃度。

也許是聽謝導與材俊高來高去的談話久了，也許是待在一個怪人如雲的環境久了，當時看人都是看有沒有特色，夠不夠怪，對於余湘這樣一號人物，除了知道她是搞媒體的重要人物，很成功，賺很多錢之外，我一無所知，並且也毫無興趣。她所代表的類型，就像是另一個世界的人，與那個陰暗潮濕的地下室不同，屬於光明的那一邊，而且是最亮的那一個，對當時的我來說，簡直是毫無特色可言。

一個人就像是太陽底下的一幅風景畫，會因為傾斜的光線透露更多細節，因為微弱的光影增添美麗，甚至因為有厚重的陰影而變得有趣。太過明亮的人，就如同一幅曝光過度的風景，失去了立體感，扁平而無聊。

一方面，我並不真的認為曝光過度的人真的存在，因為有光的地方，就有陰影，那道陰影必定藏在某處。

她的陰影在哪裡？她藏得非常好。然而一個人之所以沒有影子，影子的主人必定得像向日葵般，隨時面向太陽，注意太陽的動向，以調整自己的姿態，完全沒有靜止的一刻。她的旋轉不來自內在的需求，而是來自外在的需要，這一切，得放棄多少個人的任性、花多大的力氣？多累人啊。

這引起了我的好奇。

與其說，我想要了解這個女人，不如說，為了證明我的想法，面對這個亮到讓你張不開眼睛的女人，我想要知道她的陰影在那裡。於是在許許多多假觀察之名的場合中，一整個過程我都在尋找，她的陰影在哪裡。

天使與魔鬼

當我知道我要書寫這樣一個女人的時候……等等，我說了我要書寫嗎？其實我一直不很確定這件事情。

首先，我不認識這個女人。再說我要怎麼認識？如何有機會認識？她怎麼會真的讓我去認識？我說的是真正的認識。先不說她在世俗裡的功成名就，儘管我並不真的理解那代表什麼，先不說對我這樣一個文字工作者來說，我們的生命根本是兩條平行線，永遠也不可能碰在一起。再來，她豐功偉業的頭銜對我來說只傳達了一件事：她不是人，然後我想要離她越遠越好，像兩極相斥的磁鐵，自動彈開。

我不是說她真的不是人，而是當你頂著社會給你的一頂帽子時，對不認識你的人來說，你已經成了那頂帽子。那頂帽子還有名字。尤其那頂帽子越大，人們越容易看見你的帽子，而不是你。

我不知道如何和一頂帽子說話。就算我們面對面，也像各自位於地球的兩端。要讓人看見她，她得脫掉那頂帽子才行。

我不知道如何書寫一頂帽子，所以我去聽了帽子的演講。那個余湘開始搞演講，分享她自己的成功例子來勉勵也想成功的人，那是她最早期的演講。

演講地點在一個小小的、藝術性的、充滿溫暖氣息的女性化空間裡。據說，演講的票價高達上千元，那是我完全無法理解的事情。但是因為她的帽子夠大頂，所以幾乎場場座無虛席。

我原以為我是來浪費那個夜晚的，沒想到我聽得開心得很，倒不是說那是一場很棒的演講，我對卡內基式的勵志性故事本就興趣缺缺，因為故事從來就沒這麼簡單，在看似光明與希望的口號背後，其實隱藏了多少無法在一兩個小時內說盡的心酸與過程，而那通常也都是當事人不願意說出來的。畢竟，在人前，誰願意呈現那最真實、也最黑暗的一面。

那是說給天使聽的演講，尤其是先取悅她自己心裡的天使，先讓自己開心。演講內容亮的不得了，讓人睜不開眼睛，也看不見東西。所幸她並不真的把注意力放在正事上，那正是她的魅力所在。

什麼是正事？我們常常為了辦正事，忽略了人的感覺。即便那個正事我們也不真的那麼愛做。余湘倒是很偷懶地按照投影片上的文字唸過一遍，唸過之後，她就自由了，轉而把注意力放在人的身上，把她自己開心之後的溫暖光波傳送給在場的每一個人。她的注意力始終在人的身上，在她與你之間，在你們在場的這個空間，在你們共享波動的這個場域，彷彿她要用什麼方式來與你連結，才是她經營創造的工作重點。或許對她來說，真正的正事只有一個，那就是讓自己開心，讓大家開心。

所以讓我拍手叫好的，全是些與演講主題無關的內容，包含她與在場每一個人的對話、她開的玩笑、她發生的糗事、她把大家逗樂的故事……。老實說，一場演講下來，大家到底聽到什麼、學到了什麼，真的不太重要，但是我可以感覺到在場每個人的心理變化，好似心裡某塊脆弱、陰暗、堅硬、塵封已久的角落被溫柔地碰觸到，在毫無防備的情況下柔軟了起來。於是曲終人散時，每個人都可以笑著離開。

我應該早就察覺到，在那個陰暗潮濕的地下室裡，當謝導大開她的玩笑，說她耳上的鑽石好亮、亮到他眼睛都張不開；說她到家之後，得從庭院繼續開車才到得了住家門口，余湘臉上掛著微笑，反應卻像是一只黑洞，讓這些其實頗好笑、卻也有些故意、有些討厭、有些令人尷尬的玩笑話直接掉落那個黑洞，沒有回音，彷彿不曾存在。

這些想引起她情緒反應的話語一點也打不到她，直直地過去，卻穿過她透明的身體打在她背後牆上。

如一名不動聲色的武功高人，每當我與她面對面接觸時，她總是先出招：送上一個溫暖的微笑。我頻頻中箭。對一個面對社會關係始終有障礙的人來說，我總是想，她笑什麼笑。

她笑，當然不是因為我。她笑，是因為她「要」這麼做。那是她想表達自己的方式，那是她要傳達出去的訊息，不管背後的原因是什麼，那是她選擇面對世界的方式。所以這一次笑，下一次也笑。她笑的同時，就已經布好了陣法，你進入了她的夢境，困在她創造出來的氛圍裡。她傳遞出來的訊息與能量在四周結界，你在她的主場裡。

笑容擋在她面前，穿不透，也打不著。

事情還沒結束。一抓到機會，她就對你施下咒語：「你的文字好棒喔！」「你長的好美喔！」「你真的好了解我喔！」「你泡的茶好好喝喔！」「你切的芭樂好好吃喔！」柔柔的音調加上甜甜的笑容，即使你一身盔甲，也早已噹啷掉了一地。

你休想逃出去。在她溫暖而明亮的魔法泡泡裡，你會感覺舒服、感覺輕鬆、感覺愉快、感覺被尊重、感覺被需要、感覺到自己的價值、感覺被愛。如果有什麼稱讚比賽，她一定是冠軍，她不是正在稱讚你，就是在想要怎麼稱讚你。她不可能失敗，因為每個人都有值得被稱讚的地方，只是一般人並不這麼看。

那是一種選擇。如果每個人心裡都有一個天使和一個魔鬼（一定是相對的存在），當她看著你時，她選擇和你的天使說話。她把注意力放在會讓人開心的事情上，說些天使喜歡聽、聽了會感覺自我良好的話，並對就站在天使旁邊的魔鬼視而不見。

並非她的心裡沒有魔鬼、只住著天使，那只是她的選擇，她選擇了自己想要的世界。如果每個人都是一座雷達，可以感應宇宙間不同的波長與波動，她已經設定好了頻率，只接收特定的頻道，並且對你發送相同的頻率，試圖把你帶進她的夢境。你可以不與她共振，或者以低頻去反擊，但如果你發出的訊號不符合她要的頻率，她隨時會轉台、轉移話題，或不起反應，直接讓它掉入黑洞裡。我說那是一種選擇，是因為只要她想要，她也隨時可以轉到魔鬼的頻道，向你心中的魔鬼進行威脅，進行她工作領域上的談判。

我們都共同分享著同一個世界，然而這是一個什麼樣的世界，每個人都有自己的版本。而她樂於邀你進入她的版本，那裡總是輕鬆、好玩、愉快、正面、歡笑聲不斷，不讓陰影有趁虛而入的機會。有那麼一瞬間，你會以為世界真的就是這麼一回事，光明，美好，充滿希望。

女孩與女俠

如同小丑遇上蝙蝠俠，這樣的光明屬性實在不吻合我的黑暗調性。我甚至不知道如何回應她的笑容，如何保持自然又不失禮。我得承認，她應付的那個世界是我無法想像的，也是我無法理解的，一如她看似沒有陰影、完全沒有衝突的內在世界，實在不符合人性。要嘛，我繼續留在我的黑暗角落，看她一個人表演，要嘛，我必須跟上她的頻率，否則我永遠不知道她是怎麼辦到的。

那陣子她從叱吒風雲的商場女強人，搖身一變為國際時尚管理學院的教授。開課前她經常到星期三的辦公室找謝導討論課綱。她出現的時候辦公室的氣氛總是會有些不一樣，多了一種高頻，不管是情緒或是聲音，都是。我與她接觸的機會不多，所以有時候我也會進會議室，看她吃芭樂。

我從沒看過一個女人吃東西吃得這麼投入而認真，看起來就像……她是專程來吃芭樂的。談事情只是順便。我只知道她很重視打扮，很注意圍巾包包手錶等配件的搭配，總是上妝，讓自己看起來神清氣爽，使得在場隨性的星期三工作人員顯得更加頹廢。我最愛看打扮亮麗的她一邊談正經事、一邊認真地咬芭樂，有時候她一邊聽、一邊抄筆記、一邊咬芭樂、一想起什麼還空得出手來撥電話，當下處理完聯絡事宜，然後沒事一樣接上談話，繼續聽。她不是有六臂，就是有三頭。

有時候她會很輕鬆自在地仰躺在椅子上，有時候抬起她的長筒馬靴擱在另一張椅子上，如一名在客棧裡暫時歇腳的女俠，桌上一壺酒，旁邊放把劍，卡滋一聲，芭樂搭配著策略、管理、組織規劃、商業機密等話題，真是絕配，大漠的風呼呼吹起，這是我最喜歡的她的模樣。

「我還要一盤芭樂——」突然她又像個小女孩般，甜滋滋地向同事要一盤芭樂。

除了看她吃芭樂，那段期間我被安插在她不同飯局裡。照常的，她總是踩著恨天高、拎著小皮包、肩上披著毛皮或圍巾、配上她的招牌笑容與笑聲出現，一坐下來便開始營造她輕鬆自在的氣氛，撒她的網，將所有人網進她正面歡樂的泡泡裡。然而只要一上菜，你就會有幾分鐘聽不見她的聲音，「這個好好吃要趁熱吃！」這是她抬起頭說的第一句話，「這個好好吃喔！我要再一份帶走。」突然又甜滋滋地跟經過的老闆撒嬌，接著又埋頭苦幹，好似等了好久才等到這一餐，手不停，口不停。

「無肉不歡」，她這樣形容自己。想到什麼，就說什麼；想要什麼，馬上開口；想吃什麼，馬上動手，俠女再現，不跟你客氣，彷若下一秒就不在世上，必須認真地享受當下，享受食物在嘴裡的滋味，大口吃肉，大口喝酒，如同她在工作上的表現。（當然她不喝酒，連茶和咖啡都不能碰。）

我沒看過目標這麼明確的女人，她的腦筋動得又快，動作又快，當下的事情當下處理，所有的事情都速戰速決，一下像女俠般勇於要求，一下又像小女孩般請人幫忙，誰搶得贏她。

除了聘請她當教授的人之外，沒有人知道她可以教書，包括她自己。然而這一點也難不倒她，就算這批學生都已經是在社會上小有成就的EMBA，她也沒在怕的。每當她與謝導在會議桌上訂下了其中一天的課綱，她總愛說：「YA——一天又混過去了！」

她可以混，是因為她的目標很明確，她很清楚自己要的是什麼，不要什麼，她屬於一招斃命的門派，一出手乾淨俐落，從不拖泥帶水，打完立刻轉身走人，不會多留一步看對方死了沒或是要不要救他等等。

第一次幫她處理文案的時候，沒多久又到了喝酒吃肉的時刻。才一坐下，女俠又出招：「你寫的好棒！我真的好喜歡喔！」我又中箭了，以至於她接下來說的話我茫茫然聽不清楚：「但是我可不可以改幾個字……」她翻開已經列印出來的A4紙，上面是我交出去的文案，在這一堆文字中，她問我能不能加幾個無傷大雅的字，或是改幾個無關緊要的詞。我肯定還在她撒的迷魂散裡，她到底在說什麼呢？東西都在她手上了，要殺要剮何需過問我呢。

我有些窘困，一來她使出尊重的絕招，把我的老鷹（EGO）放了出來，二來她突然拿下遮去她面容的斗笠面紗，拿下她巨大的帽子，放下她女總裁的地位和身分，將自己還原為一個純粹的工作者來徵得我的同意，實在叫我手足無措。

工作由許多小細節組成，一項工作的成敗通常也來自於不容易察覺的每一個小細節，對一個如此注重工作細節與自我要求的人來說，她最好是有時間可以混。

從會議室到餐桌上，她對工作的要求與掌控，完全展現在吃飯這件事上。「老闆，可以再給我一盤這個嗎？」女俠瞬間回到女孩，兩手交握擺在臉頰旁，只差沒有水汪汪的一對大眼睛。有誰會拒絕嗎？「××，可以再給我一盤芭樂嗎？」就算你是小朋友，她照樣可以撒嬌。有誰會不給她嗎？我可以想像她在工作場合上也以這樣的姿態去爭取資源，有誰不會心甘情願地給她嗎？「我可以改幾個字嗎？」「可以可以，你想改幾個字都行，整篇改掉也行。」

「YA——」她要的菜上桌了，她舉起勝利手勢左右搖晃，像一個開心到轉圈跳舞的小女孩。如同她在會議桌上每解決一個工作方案都要以V字手勢「YA——」一番，那是她專屬的心理密碼，用來加強她的雀躍感，擴大、延長她爭取來的喜悅與快樂，肯定自己的努力，並且獎勵自己一番，就像她身上閃亮亮的鑽石。

她看起來好像很快樂，天曉得她做了多少努力才得到這些快樂。

向日葵隨時都在調整自己的姿態，每分每秒都在創造光明面，天使就藏在細節裡。

知道自己要什麼的女人

這段期間，她辭退了董事長的職務，醉心當EMBA的教授。她可以感覺得到，比起生意人，教授這個身分在社會上就是有不一樣的高度，這正是她目前這個階段最想要的。她甚至計劃自己成立一所時尚管理學院、規劃出下一本書、安排越來越多的演講……，大步邁開往她下一個人生階段的目標邁進。

她的喜好非常的明顯，只要一提到自己喜歡的事物，她就像個小女孩開心地手舞足蹈，不管是上教會或是買衣服、幫助別人或是吃喝玩樂，一點都不衝突。

她幾乎只提自己喜歡的事，甚至只做會讓自己開心的事。以她出手的速度，只要是她想要的，你休想從她手中搶走。

她很清楚自己要什麼，很清楚什麼可以讓自己開心、怎麼做可以讓自己快樂。或許，說到底，她的目標只有一個，那就是——「讓自己快樂」。

「讓自己快樂」？聽起來很像廢話不是嗎？但真的是這樣嗎？我敢說，多數人一天到晚忙個不停，從早到晚，都在做不會讓自己快樂的事。

「知道自己要什麼」，聽起來也很像廢話。但是你可能會很吃驚地發現，多數人並不知道這些看似是世上最簡單的問題：「自己要什麼？」「什麼可以讓自己快樂？」如果你什麼都不知道，就更遑論去追求了。

那麼大家到底整天都在忙什麼？

大概是別人告訴他要去做的事。不然就是他覺得他應該要去做的事。再不然就是社會要他去做的事。或者是他覺得他必須這麼做、不然某人會不開心的事。那個某人也許是爸爸媽媽，也許是老闆，也許是老師，也許是女朋友，也許是背後靈，甚至是他家小狗……，反正不會是他自己。忙得焦頭爛額，取悅的都是別人。最後怪罪別人讓自己不快樂。

當你問一個不快樂的人為什麼不快樂，他很可能會說，他不知道。你很可能會說，怎麼可能。但那可能是個事實。我們都知道爸媽喜歡什麼，老闆喜歡什麼，客戶喜歡什麼，員工喜歡什麼，女朋友喜歡什麼，小狗喜歡什麼，卻鮮少去問自己，自己想要的快樂是什麼。

快樂有很多種，自己要的到底是哪一種？是高調的還是低調的、公開的還是隱密的、華麗的還是簡單的、熱鬧的還是靜謐的、孤獨的還是忙碌的……？用什麼方式呈現？在什麼樣的環境下發生？這些問題之所以重要，是因為人身為人，是多麼複雜的一件事，你要的快樂不會是隔壁阿桑想要的，余湘想要的也不一定就是你想要的，甚至你早上要的都不一定晚上還要，何況大部分時候你根本不知道自己要什麼。父母的快樂、老闆的快樂、女朋友的快樂、小狗的快樂，絕對不會是同一件事，即使這個社會推崇的快樂好像從來都只有一個版本，而你偷取了那個版本，那個並不屬於你的信念，徒勞無功地瞎攪和，最後只撈到一勺挫敗。會快樂才有鬼。

在這方面，余湘想的非常簡單，喜歡吃就吃，喜歡睡就睡，喜歡拿就拿，喜歡賺就賺，有如日式庭園的枯山水，非常乾淨，非常單純，充滿禪意，從不自尋煩惱。

就像是個單細胞生物，心與腦之間沒有距離，她說的就是她想的，她做的也是她想的，一個念頭升起，一通電話馬上撥了出去。

單細胞生物心口如一，想與行動之間不存在線性的時間，她的想法，就是她的行動，所以一出發，就已經抵達。

單細胞生物的快樂是一種本能，目標明確，沒有掙扎，沒有過度思考，連假掰都懶得假裝。她的要，是馬上就要，坦克大砲都阻擋不了她。

這並不表示說她只顧著她自己快樂，在快樂這個領域，她太清楚了，如果別人不快樂，她也不可能得到真正的快樂。就說工作好了。一般人想到工作，想的都是工作本身，諸如我怎麼做好這個工作？我可以做好這個工作嗎？我怎麼讓工作順利完成？我怎麼做才不讓工作搞砸？……想來想去，最終想的都是「我」，工作成了自我的化身，工作完成了，自我才得以完成。

余湘工作的時候，想到的都是人，就像寫一篇文章，你得先在心裡設定好一個對象。看似在處理工作，其實她處理的永遠都是人際關係，不管是客戶、同事、屬下或是合作對象，不管是幫她的人、付錢給她的人、要買她公司的人或是她要談判和說服的人。工作的完成，是為了讓大家開心，也讓自己開心，大家開心了，她更開心。工作不只在成就她自己，也在成就別人，皆大歡喜，才是真正的圓滿。當她以這樣的出發點去做工作上的要求時，誰都不會忍心拒絕她。弔詭的是，當你想的不只是自己的時候，別人都會反過來為你著想，因為工作本身並不難，難的是人。

當你向世界宣告你想要的事物時，很奇怪的，這個世界會以各種方式，派各種人，用各種形式，遲早都會送來給你。她從不隱藏自己的喜好，不管是陪媽媽打麻將、買衣服、鑽石、鑽錶、吃美食（太明顯了）、賺大錢……，她通通樂於承認，彷彿就是要讓全世界都知道。

承認永遠是第一步，卻也是不容易的一步，要不然一個人不會連承認自己愛上一個人都這麼困難。她說，她就是愛慕虛榮（怎樣），她樂於承認。追求自己喜好的事物天經地義，小至芭樂、大至社會地位，她一概不跟你客氣。她說，在她那個年代，所謂的成功就是賺大錢。她要賺大錢，她鎖定目標，她追求，不只在世間求，還求到靈界去，逢廟必拜。

我以為，她只是碰巧喜好的都是世俗之物，哪天如果她性情大變，突然成為成功的畫家或作家，我也不會感到意外。例如，她最近當上了EMBA時尚管理學院的教授，例如，她最近有一項新的愛好，那就是基督信仰。

跟隨興奮讓人充滿能量。

大家都很愛我

快樂是一門學問，許多人花了一輩子還是不知道如何讓自己快樂。

每當我試著要書寫這樣一個快樂的女人時，我腦中就浮現她甜甜的笑臉，然後，從電腦打開的Word檔空白了好多天，我一個字也寫不出來。

對於要書寫這樣一個快樂的人，我好不快樂。我快要被她的光明面淹死了，我快瞎了。我不要這些，我需要一些陰影，余湘的五十道陰影。

我找不到可以引起我書寫樂趣的地方，於是我掙扎。明天吧。明天吧。還有明天。明天再明天……。再去吃一次飯，再去看一次她與學生的相處，再去聽一次她的演講……，直到我掉進了神的國度，那是個無底洞。

早期，我所聽見余湘的第一次演講，是在一個小文藝沙龍，頂多容得下二三十人。現在，她不只去學校演講，去企業與商業組織演講，信了神之後，她甚至還演講到教會去。

一進教會，我就知道我完了。

在學校、在企業、在商業組織裡，她談成功的故事；在教會裡，她談見證。然而，即使是不同的題目，演講內容卻都大同小異，這並不是說她偷懶或不用功（或是她自己說的很混），而是她原本的個人故事與性格本來就很符合教會的調性。我突然覺得奇怪，余湘為何這麼晚才受洗，她積極、正面、關懷、溫暖、永不疲倦的笑臉，完全就是一個信主的人，或者拉著你要你信主的人會有的樣子。看著她笑盈盈在教會裡滿場飛，我不禁感嘆，真是太適合她了。

與我第一次聽到的演講一樣，那是給天使聽的演講，先取悅自己，然後讓大家開心。她照常發送她的溫暖光波、與在場的每一個人互動、開自己的玩笑、說自己的糗事、把大家逗樂……，這些特質，在她信主以前便已經如此，而我一樣為著那些與演講主題無關的內容，樂得拍手叫好。

不知道是不是在教會的緣故，我一直聽到她重複一句話。她提到她生病以後周遭的親人、朋友、同事為她所做的事，然後「大家都很愛我」這句話就不斷地一直出現。也許她並沒有一直重複，而是這句話不停地在我的腦袋裡跳針。

一個人被不被愛，往往不是根據事實，而是根據當事人主觀的感受。一個集三千寵愛於一身的人，若不能體會自己是被愛的，依舊無法感受到愛的存在，再多的愛都填不滿他。而一個深信自己是被愛的人，無論有沒有人愛他，他也會找出自己是被愛的證據，並且無時無刻感受到愛的存在，而那份愛的感覺，將是一個人向外發出光與愛的源頭。愛出去，愛回來，形成了一個循環。

大家都很愛我、大家都很愛我、大家都很愛我……

這句話就像咒語一般，只要不停梵唱，由音波構成的能量就會不斷地拍打在心臟上，口說了，心信了，一切就會成真。

所以在場的人愛她愛得不得了。她的學生也愛她愛得不得了。所有人都愛她愛得不得了。因為，「大家都很愛我」。

我認識余湘不深，但我認為她肯定知道語言所夾帶的魔法與信念的法則，而且，她會的咒語還真不少。

如同商業領域上的成功人士一樣，余湘也出了一本自傳，這類自傳不外乎都是對著那些追逐神話的人，以自身的明星光環，販賣魚兒力爭上游最終成為偉人的經歷，除了回憶一下自己的豐功偉業，通常還必須自吹自擂一番。

書如其人，《我是余湘》這本書裡有許多正面的故事，並且幾乎不提所謂的黑暗面，想當然耳，也不會有我要找的陰影，實在不太人性。似乎白紙黑字寫下來還不夠，三不五時，余湘還要找機會重提溫習一番，我與余湘碰面的次數不多，但光是「Cindy趙」的故事，我就聽了不下五次。

余湘重提故事的方式如一名老兵，時不時重新招喚當年那些撼動靈魂的往事，深怕不時時招喚它，它就會隨著漸漸流失的記憶，消失得無影無蹤。但是余湘並不老，那些故事也絕無到撼動靈魂的地步。

不是故事不感人，我還滿喜歡「Cindy 趙」的故事，還有其他許多她出手相助、改變別人命運的故事，以及她過往敢做敢當、敢愛敢恨、俠女作風十足的奮鬥史。

不是故事不好聽，而是它們被提起的方式。余湘的口袋裡似乎已經裝好了這些故事的組合，分為A、B、C、D、E……，隨時都準備好要出牌。只要話題一對到、甚至只是很牽強地帶到，余湘便快狠準選好牌，見縫插針將她的故事原封不動地帶出來。

這些故事都有共通點，一個是可以肯定她自己，一個是可以豐富她的靈魂。表面上看起來像是在自吹自擂，然而從另一個角度看，這些故事毋寧更像是她唸起來比較長的咒語，經由一再複誦，加強這些故事所帶來的力量，同時增加自我肯定的力量。

力量就在那裡，祕密就在那裡，只要招喚它，它就會出現。如一名老兵，時時回到過去，將當時的現場帶到現在，重新叫醒它，恢復它的生命力，讓它重新展現波動，讓聽見它的人與之產生共鳴。

所以她從不提悲傷、不提挫折、不提憤恨、不提不喜好之物。她知道語言的力量，她從不招喚黑暗的力量。

面向光，陰影自動退到看不見的地方

「我的學生都好愛我喔！」

那是當然的了。這個世界不過就是一面鏡子，你給出什麼，它全會反射回來給你。當你傳送出去的訊息是笑容、溫暖、關懷、笑話與歡樂，他人為了與你共振，勢必也必須調整自己的頻率，才能與你共振。而那些不愛的，不喜歡的，沒有共鳴的，因為頻率不對，根本不會被接收，亦或者從來沒有被認出。所以從物理學的層面來看，他們不得不愛她。

她很小心地選擇她要發送的訊息。在吃過幾次飯、聽過幾次演講、開過幾次會、甚至翻過她的書之後，我對她的認識還只是在表層。

書的字很多，但並沒有透露太多。不管是刻意的隱藏，還是她的光明天性使然，一個人少了暗部，就少了景深，沒有了縱深，彷彿沒有一個完整的故事，沒有讓明亮的部分顯得更亮的對比。於是我把對她的許多好奇，列成了幾個問題，希望可以還原她更多元的面貌。

我去參加了那些愛她愛得不得了的學生與她的飯局，和過去很多次一樣，有她在的場合就有許多歡笑聲，但我實在不該在有這麼多人愛她的場合上，實驗性地想要問她一些問題，雖然我只是暖身性地丟出不痛不癢的問題。

我已經料想到她一定有她正面版本的答案，堅持只面向太陽、不轉頭看身後的陰影，我也假設了她可能有不願意被碰觸到的點，但我沒想到那些故事卡一直都放在她的口袋，即使在一個隨性、輕鬆、閒聊的場合上，她仍像一名盡責的傳教士，帶著拯救世人的熱忱，一再分享她恍如聖經再版的永恆故事，鞏固她美好國度的存在。

我把問題收好，再沒拿出來過。我懷疑它根本沒有被提出的必要。當一個人已經設定好了自己生命的走向，決定這樣說，這樣想，不容許自己出現一絲軟弱，甚至只是一點懷疑的聲音，碰巧這剛好又是一個有決心與毅力的人，那麼，他絕無回頭的可能。

又或許，從頭到尾我都誤會了，也許，她根本就是一個小飛俠，一個失去影子的人。

一個人在遭遇生命的紛亂與重量之後，要對這個世界感到悲觀，遠比保持樂觀容易多了。余湘所選擇的面對方式，如一名在旅途中卻從不張望路上風景的旅人，如一棵自行砍掉所有枝枒的樹，一逕向上迎著陽光，微笑著，即使在死亡面前仍然是。

她似乎相信，心靈有一種巨大的力量，可以創造任何她想要的結果，可以呼喚光明，也可以招喚黑暗，好的，壞的，喜歡的，不喜歡的。她選好了她想要的那一面，然後百分之百地相信它，交給它。

另一面怎麼辦？不看，不聽，就不存在了嗎？從物質的層面，不是的。從心靈的層面，是的。她跟隨自己的心，相信內在，信任自己，據此形塑自己的生命。

一個永恆的樂觀之人。她若不是異常地堅強，就是異常地脆弱。畢竟，承受負面需要勇氣，探究黑暗需要勇氣，仔仔細細地與內在的魔鬼面對面更需要勇氣。

或許，她的靈魂承受不住，又或許，她根本沒有條件、沒有時間、沒有那種好命，可以讓自己處在負面的狀態，尤其是當她提起她的家人時，畢竟，人生的苦難已經夠多了。

在輕盈的笑聲與談話後，她再次讓大家笑著離開。離去時，愛她的學生每個都要跟她討抱。愛的需求，人人都有。賺再多錢，最終都要回歸愛。現在，成功對她來說不再是賺大錢，而是賺大愛。

我認真覺得，下一步她可以改當牧師。

（本文作者為文字工作者）

〈作者序〉

二〇一二年，我購買了一幅畫作，由西班牙藝術家邵曉露（Lourdes Salcedo Tavira）創作的《*Little girl*》。

畫作乍看是一個可愛天真的小女孩，細看又像是插在花瓶中的一朵玫瑰，創作者曉露說，畫中的意涵象徵著小女孩堅強的內心，內在那朵玫瑰長出的刺，正是女孩獨立的意志。

和這幅畫初打照面就有股莫名的喜歡，直到現在，這幅畫都還掛在我辦公室進門處最顯眼的位置。

後來我才終於恍然大悟，為什麼對這幅畫有著一見鍾情的感覺。原來這幅畫中女孩的形象，竟和住在我心底的一個小女孩，毫無違和地重疊密合。

這幾年我開始演講，每當思考該怎麼將數十年人生經歷轉化為三十分鐘講稿的同時，我總忍不住想起當年那個站在泳池旁邊的小女孩。那個對游泳一竅不通卻躍躍欲試，瘦瘦小小的清秀女孩。

我想告訴你們關於那個小女孩的故事。

當年小女孩年紀尚輕，一回跟著游泳隊的三哥到游泳池，不會游泳的她在池畔觀察別人游泳觀察了一陣子後，走進池中最淺處站好，小心翼翼扶著池邊往水深處走約一公尺，再轉頭用狗爬式的方式往回游，等到成功之後，就再往深處走個一公尺，同樣再往回游；成功後，又再往更深處、再往更深處……

就這樣不斷拉長距離、不斷挑戰自己極限，在沒有人指導如何換氣、如何划動的情形下，小女孩靠自己的方式學會了游泳。

那個小女孩正是我，余湘。

從完全不會游泳到進入游泳隊、到後來破省運紀錄，拿下全國冠軍，年輕、瘦弱卻無懼，滿盈著對一切迫不及待想嘗試的好奇。那是我人生故事的起點。

或者應該說，那是我每一個人生轉彎處，總會在心底尋找的身影。

那種相信自己可以做到，以及既然做了就要做好的信念，伴隨我一路從泳池游進職場；也就是這種信念，一路讓我從總機小妹跨進廣告圈，從創下廣告界各項紀錄又到台灣無線電視第一位女副總、傳立第一任總經理、聯廣最年輕董事長，又成了WPP集團總裁兼董事長。

德國哲學家班雅明在評論保羅．克利（Paul Klee）的《新天使》（*Angelus Novus*）畫作時說道：「畫中天使的臉朝著過去，一連串事件發生的地方，天使想停下來把破碎的世界修補完整，但天堂吹來了一陣風暴，猛烈地吹擊著天使的翅膀，無可抗拒地把天使刮向他背對著的未來，這場風暴就是我們所稱的進步。」

我們總說走向未來，但真正的生命是看不到前面的，我們其實都是面對過去、背對著未來，猶如班雅明所說：「凝看過去是為了能夠正視將我們吹向未來的風暴」，我們不斷在過去中累積經驗，只為築構想像中的未來。

凝望過去，一切似乎都有跡可循。

二〇一七年十二月三十一日，我送了自己一份生日禮物，離開待了十五年的群邑，準備開始自己的新計劃，啟動新的人生。

我成立了兩家顧問管理公司——「知行者」和「領航者」，希望能把經驗、價值與精神交棒傳遞給年輕一代，並期待將手邊現有的人脈，運用在未來的教育訓練上，讓年輕人能從成功人士經過生命淬鍊的智慧中，得到更多的想法。

我不禁想到當年在廣告公司的自己，從一開始的總機小妹跨到會計部門，再進到自己全然陌生的廣告領域。面對全新又專業的挑戰，茫茫然沒有頭緒的我，在沒有人帶領及教導的情形下，一個人躲在咖啡廳苦讀，反覆讀著當時唯一一本猶如廣告界聖經的書本，一讀再讀，這一待就整整待了有半年之久，書裡的每一個部分都被我看得爛熟，憑著書的內容，我靠著自己摸索出在廣告界的一片天。

摸索的過程是種成長，但若是在過程中有著更有系統的指導，是否會有加倍的成效？當年在咖啡廳苦讀的身影，正是如今我想要毅然投入教育訓練的最大原因。

而這些仰賴書本獲取知識的歲月，也曾造就了我與城邦的緣分。

當年詹宏志先生向我開口，希望我能當麥田出版社股東，雖然常聽說錢投在出版社就是有去無回，但我衷心相信出版是良善的事業，二話不說就支助了一筆費用，並且在後來詹宏志先生決定將幾間出版社合併為城邦時，沒過問任何事情，再度投下更多資金。這一切，完全歸因於書本曾給予我的幫助，源於心底對知識完全的尊重。

最近，我因緣際會接任了「台灣藝術時尚協會」理事長。在我的認知理，藝術時尚談的是一種美好的生活，是對生命禮讚的一種表現方法，我也才發覺，原來對於藝術的主張早已黏貼在我生活裡。

還記得我與台灣珠寶藝術家趙心綺 Cindy Chao 相遇那年，正是彼此人生變化最大的時刻：當時的 Cindy 決定不考量任何市場價值，遵從自己內心對藝術的堅持，做出了第一隻年度蝴蝶，那隻蝴蝶代表 Cindy 那一年的心情，是一種剛破繭而出準備展翅高飛的型態。

而那年的我則是從鬼門關前走了一遭。剛動完了三次生死攸關的大手術，在加護病房整整躺了三個月，出現在 Cindy 工作室時，是光頭繫著頭巾，半邊臉麻痺失去功能，右眼浮腫，說話走路都還很吃力的模樣。當時 Cindy 一見到我，眼淚就掉了下來，還記得她問我：為什麼一出院就要趕著來買？我回答她：因為我知道這對妳很重要。如同一個祝福般，自此我和 Cindy 都如重新破繭的蝴蝶般，在新生命中展翅，越飛越高。

不只是珠寶藝術家，還記得導演魏德聖在拍攝《賽德克．巴萊》時，還是一位在電影圈初冒頭的新人，在投資過程中狀況頻頻，當時魏德聖來找我時，表達了他遇到的困境，從他的談話中，我閱讀到了一股追夢的熱誠，決定資助。

電影投下的資金相當驚人，但當我看到成品，驚豔不已，不僅馬上包場邀請媒體及客戶觀看，也對魏德聖開了口：「下次有需要，直接說！」

而一開始提到的西班牙畫家邵曉露，不僅僅因為是我一手提攜的愛將、群邑集團執行長程懷昌的老婆，更多的是被她兼具童真與情感的畫風深深吸引，為著她的才華，我一口氣買下十幾幅畫作。

從魏德聖、Cindy Chao 到邵曉露，原來，藝術早就融在我的生活裡。

人生，每個當下的決定看似只是個是與否的抉擇，但當我將自己六十年的生命攤開來檢視，才發現過去曾經的點點滴滴，原來早就造就了未來的自己。

常有人問我，難道不怕選錯路嗎？怎麼知道當下的選擇一定是對的呢？諸如此類質疑的聲音不曾少過，而我只能說，我只是順著潮流走，知道何時該下車，在選定了路線之後，和那個藏在心底的小女孩一起，堅持往目標游去。

而之所以每每在做別人眼中「危險」的投資，諸如上面所說的出版、電影，不僅沒有受傷，反而從中受益，我想，或許正是過去一路行來種下的善種，發芽後逐漸長成茁壯的大樹，讓別人乘涼的同時，自己也避去了頭頂毒辣的豔陽。

最近幾年我開始演講，常想著該怎麼介紹自己。

我曾在網路上鍵入「余湘」兩個字，發現約莫可以查詢到幾百萬筆資訊。

你可以找到「媒體教母」的稱號，內容是關於一個從總機小姐一步步走到全台最大媒體購買集團總裁的事蹟，種種關於成功歷程的描述；也可以找到「後山女孩」的故事，一個小女孩隻身從台東前往台北打拚，不斷在業界創下一個又一個紀錄、努力為自己人生寫下一頁又一頁傳奇的勵志故事。

甚至到後來生了病開刀陷入重度昏迷，一度被醫師宣告會變成植物人，而後又奇蹟似恢復；從瀕死經歷走來後，事業發展竟又是一番讓人訝異的石破天驚；而後成為神的女兒……，幾乎所有人都可藉由無遠弗屆的網路世界，閱讀到關於余湘的生命。只是，不管是事業的高峰抑或健康的低谷，生命中一路行來的點點滴滴，絕非僅僅限於幾百萬筆資訊的框架之中。

當許多人聚在一起，想聽我講所謂成功的心法，想知道一個沒有背景沒有學歷的女孩，如何一步步到達今日的地位，更有許多人好奇我在奇蹟似地重生後，為何不像許多大病初癒的人一樣看淡許多世間事，反而比生病前更努力工作？

我想說，這些過程不僅僅是充斥著每個面臨抉擇的印記，還是每個成就未來的積累。每個抉擇的瞬間，都是讓我人生因此不同的關鍵。

在如今事業上軌道之後，我知道自己必須做不一樣的事，猶如聖經中所提到的「做新事」。離開群邑，將精神放在教育訓練上。

做決定那一刻，我彷彿又成了那個游泳池畔的小女孩。

不過不同於之前全力往前衝刺的單向競速游泳，這回我繞過了水面的浮球，折返回游。彷彿是游到了生命的折返點，在生死關頭走了一遭之後回首張望，同樣的路線，從不同的方向看起來，是種完全不同的心境，看到的是一片和之前全然不同的風景。

說起來，正是二〇〇八年那場大病，給了我更多不同的視野。那回，埋在我頭部二十多年的深水炸彈引爆了，腦血管動脈瘤破裂，十八天內，我連續動了三次刀，陷入重度昏迷，差點醒不來，醫師還宣告：「就算活著，也可能是植物人。」

鬼門關前走一遭，我醒了，在家人的陪伴下面對極度艱辛的復健過程，一點一滴地拼湊回生病前的模樣，甚至獲取了更大的能量，造就了升級版的余湘 2.0。

我相信，上帝留我下來，給了我人生第二次機會，一定是有個任務要我去完成。

因此病癒後，我比之前更努力工作，拼出人生中最大的事業版圖，卻也比以前更懂得把握與家人相處的時間，更知道珍惜身邊的朋友。若要說我生病前後有什麼不同，我想，只能說是感受到了身邊原來有這麼多愛我的人，也因此更要把握時間，對這些曾經關心與愛我的朋友們盡最大的心力，也希望能幫助更多人成就更多美事。

這些年回頭看自己，我常好奇在其他人眼中，那個不被事件、不被數字標示出來的余湘，不是在搜尋引擎上幾百萬筆資料可以查到的余湘，究竟長得什麼模樣。「我是誰？」彷彿哲學的大哉問，我納悶著，在去掉所有大家眼中的「光環」後，我該怎麼介紹自己？

說說個性吧！我天生不習慣拐彎抹角，面對許多迂迴的話術，常常截斷後直接點出重點，有時似乎因此顯得有些急躁；我甚至不懂得如何藏拙，不懂的事立即會開口詢問，做不來不懂裝懂的功夫；我不喜歡社會的許多框架，像是綁手綁腳的繁雜西餐禮儀，怎麼樣也不願意學；也常因興起時控制不住說話的音量，被鄰桌的客人投訴。

我愛吃美食，還擁有極佳的食慾，和對女生來說稍大了點的胃口。餐桌上的時光永遠會是開心的時刻，我總愛招呼同桌用餐的朋友們一起享受，喜歡因美食而活絡的氣氛；我還喜歡陪媽媽打麻將，總是媽媽輸多少錢，我就拿多少錢給她。打的不是輸贏，而是一種說不出看不出的情感。

對我來說，挫折、低谷沒什麼不能說，只是我習慣以雲淡風輕的方式來面對；我喜歡用笑容迎接所有事物，對於未知的挑戰一樣會緊張，但更多的是想要征服這件挑戰的期待。

許多人常說我真性情，說我樂觀，說我有著與生俱來的豁達，總能用輕巧的態度、輕盈的姿態面對身邊嚴苛的挑戰，甚至生命中最沉重的部分。其實我只是喜歡把複雜的事變簡單，印象中，我似乎從來沒做很用力的事，甚至有些自得其樂，在拿捏好尊重與不太過逾矩的那條線後，自由自在進出社會上所有的框框。

有人說這是天賦，有人說是性格使然，是我與生俱來的直觀世界。甚至有人說我是武功高手，看似無招，卻能輕易打敗招式精密的拳手，「盲拳打死老拳師」。或許真是上天給予我特別的禮物吧！樂觀的天性，讓我能夠輕看挫折困難及挑戰，專心把「人事」盡到極致，成功與否就任聽天命安排。

不能不提的還有我對毛小孩的愛，那一直是我心中最柔軟的一塊。不知為何總對狗狗有著莫名的偏愛，每每看著牠們眼中的純粹、對人毫無保留的信任，就有種單純美好的幸福感。為此我曾出資打造了一輛狗狗的愛心健康車，巡迴全台免費為狗兒們健診。

曾經陪伴我超過十四年的狗兒子弟弟，是隻大型拉布拉多犬，幾乎天天與我同床而眠，如今，雖然弟弟已經不在了，但過去十幾個年頭，包含了多少喜悅與悲傷，我的弟弟在這段時間給了我難以言說的撫慰，勢必得在我講述的人生過程中占有一席之地。

這麼多年，經歷了許多，回首也彷彿只是一瞬。但我想，多年來不變的，是我始終對待自己保持真誠，就如同心底的小女孩一樣，擁有澄淨的快樂。孩提時代的快樂見山是山，現在的快樂依舊見山是山，只是中間多了些不是山的過程，但也正是那些過程，讓如今的快樂更為真實。

我一向習慣用樂觀正面的態度看事情，但在工作上一向犀利，聲音、氣勢從不輸人，硬氣也霸氣。如今邁向耳順之年，我驀然發現自己近幾年來已漸趨和緩，態度上、心態上都更為輕鬆，彷彿是將過去六十年的經歷揉進對未來的想像後，重新發酵，長出了新的生命。

二〇一四年的受洗信教，絕對是我改變我人生的重大轉變。因為認識神，我學會交託，學會不將所有重擔往身上攬，人生也跟著輕鬆了起來；對我來說，興奮已不是來自能賺多少錢，而是在於榮耀上帝。以往的我常跟大家一起坐在列車上跟著移動，現在的我學會坐在月台上看著列車往返，才發現原來將自己處在靜止的位置，更能發現列車行進之美，即使面對白雲蒼狗，還能有閒暇貪看路邊的野花。

人生六十，還有好多美好。

摘掉亮閃閃的頭銜後，我在面對人群也有一份新的感受。我開始會親自一一向送禮的人致謝，因為以前收禮的對象是我的職位，現在則完全單純是因為余湘這個人。擔任EMBA時尚管理學院的教授進入第五屆，我發現自己越來越享受這個為人師表的角色。

帶著過去積累的點點滴滴，帶著最初始那個女孩心中的無懼與堅定，我知道我的未來需要做什麼。成功方法或許因人而異，但態度卻可複製，我想將精神理念傳遞出去，期待更多年輕人從中獲取到精髓後，內化成自己進步的功力，背對未知的未來，也能擁有無懼、勇往直前的初心。

堅持

國際珠寶設計藝術家

Cindy Chao 趙心綺

當你很專注地在做一件事情，
而且不斷重複在做，
別人就會注意到，
你是一股力量！

多數人以為，Cindy 的崛起是因為好運，
實際上，創業的困難以及家庭與事業的兩難，
讓她曾經戶頭窮到只剩下二萬五千元，
甚至興起了永遠離開珠寶界的念頭……

如今回想，那大概就是一見鍾情的感覺吧！只不過我的對象，是一款出自珠寶設計藝術家 Cindy Chao 趙心綺之手的珠寶作品。

二〇〇七年，當我在時尚雜誌看到 Cindy 的四季系列時，馬上被她一個名為「經典黑白冬季胸針」的珠寶作品給電到。真的是電到！雖然受到沉寂心境的影響，她早期的作品主打黑與白，但看在我眼裡就是美極了，巴不得馬上擁有。

我是個行動派的人，一放下雜誌，立即預約前往 Cindy 的工作室。那時候的 Cindy 不像現在已經享譽國際、在台灣也有一定的名氣，按照我當時的想像，一個剛剛嶄露頭角的珠寶設計師，面對潛在重要客戶的到來，理應高規格接待，結果卻不然。

當天，我提早二十分鐘抵達，一踏進 Cindy 的工作室，就被工作人員以「珠寶的平面拍攝工作還沒結束，我們還沒準備好」為理由，請出工作室。

被請走的那一剎那我非常不開心，心想：「老娘是來花錢的，竟然把我請走，這樣有尊重客人嗎？哼！老娘就不回來了，讓妳 Cindy Chao 後悔！」

我承認以前的自己很傲，畢竟年紀輕輕就坐上高位，一直以來都是別人在等我，沒有我在等人。更何況，我是來消費的客人，哪有這樣被請出去的道理。

越想，心裡越氣。然而，正當我準備搭車離去時，雜誌上那只黑白冬季胸針又跳進我的腦海裡，揮之不去。不得不承認，我以前見過、買過的珠寶首飾雖然不少，但相較之下，一樣是以珠寶鑽石為主體，Cindy 的設計就是給人與眾不同的感覺，彷彿是穿戴在身上的一件藝術品。

總之，我打從第一眼就愛上 Cindy 的珠寶設計。於是摸摸鼻子，等預約時間一到，我便回頭買下那只黑白冬季胸針——作品如人，這位在珠寶界初出茅蘆的新銳設計師，也就從此繫在了我的心上。

向來反對我買珠寶的先生，看過 Cindy 的作品竟也轉而支持，還告訴我：「她的作品值得收藏！」讓我像是吃了一顆定心丸，也開始好奇這麼有才華的一位藝術家，究竟是怎樣的一個人。

但我後來才知道，當時要見上她一面並不容易。

Cindy 只做設計、不做銷售，我是入手了幾件作品之後，才提出想見見她的要求。還記得那位業務人員名叫 Jessie，當時給我的回應是：「我們設計師是不見客戶的。」一直到我又陸陸續續收藏了她的一些作品，成為一位重要的客戶，Jessie 才勉為其難找 Cindy 來跟我見面。

至今我仍記得，見到她的當下我的反應是——很失望！心裡冒出了念頭：「天啊！怎麼有人可以長得這麼漂亮，又同時這麼有才氣！」我本來想說一個如此才華洋溢的女性，理應相貌平平，這樣才公平嘛！哪知道 Cindy 不僅美麗、有氣質，五官還散發出一種特別神韻，讓人不自覺多看兩眼。

從此我對她這位藝術家越來越感到折服，不過若要談到，當初我到底是被 Cindy 的哪一點所觸動？我想，應該就是她的藝術創作理念，以及鍥而不捨的敬業態度！

堅持創作／全因父親一句：「我以妳為榮！」

人說：「見面三分情。」雖然Cindy的時尚風格及俐落打扮，多少給人一種距離感，但熟識以後就會發現，那只是一種保護色，真正的她更適合的描述是——冷冽中散發著一種溫潤，剛毅間流洩著一股柔情——宛如她的珠寶設計，大器裡蘊藏著千絲萬縷的細膩。

如果你曾經關注過她的作品就會發現，畢業於美國紐約藝術設計學院與寶石學院的Cindy，除了對珠寶有獨特的鑑賞力，也很擅長透過細膩的觀察，以及經由大自然的啟發，將一些像是樹木、樹葉等元素，巧妙融合到創作中。

以四季系列作品來說，除了我當初購買的黑白冬季胸針，她還創作出一組名為「冬季黑白樹枝的套鍊與手環」的作品，並且在二〇〇七年登上佳士得拍賣，被一名國際收藏家以超出底標五倍的價格買下，成為台灣首位登上佳士得拍賣的珠寶藝術家。

可惜的是，當時那樣的肯定，尚不足以成為Cindy在珠寶創作上的支撐，然而具備藝術家性格的她，儘管總是沒錢、沒名，還是一樣堅持做自己獨特的珠寶藝術創作，平均三年才有辦法完成一件客戶的訂製作品，以至於常常得像生意人一樣，跑銀行軋三點半。

Cindy 的母親也為此感到不解，甚至曾經不悅地質問她：「妳為什麼搞個藝術創作要搞成這個樣子？只要是我們親戚、認識的朋友，沒有一個沒被妳借過錢。」

那個當下 Cindy 沒有多作解釋，卻也不免感到難過，心想：「其實母親說的沒錯，如果都這麼努力了，珠寶事業還是遲遲沒有起色，那我這麼堅持到底是為了什麼呢？」

萬念俱灰的心情就這樣縈繞著 Cindy 好一段時間，直到有一天，聽到同為藝術家的父親所說的一席話，她的創作生命才終於撥雲見日。

Cindy 的父親是一個雕刻家，個性沉穩、不多話，慣以一種極細微的視角，刻劃人生百態。

在她的記憶中，父親可以單單為了補捉老人家臉上的皺紋，耐心地從公車總站搭到最後一站，再從最後一站搭回總站，花一整天觀察各形各色的老人。這看在一般人眼中的傻事，卻能賦予一件雕刻作品更深邃的靈魂，也贏得Cindy對於父親創作態度的崇敬。

我印象非常深刻，Cindy在接受《TVBS看板人物》主持人方念華的訪問時，曾經描述過的一個畫面。

某個夜晚，Cindy走進父親的雕刻工作室，滿腹的惆悵不知從何說起，便伸手拍了拍父親厚實的肩膀。工作中的父親抬頭望向她，Cindy的眼淚就開始唏哩嘩啦地掉個不停。

向來不多言也不擅長表達情感的父親，第一次見到好強的女兒哭成這樣，自然不捨。放下手執半世紀的雕刻刀，安靜陪伴Cindy哭了兩小時，父親才首度真情流露地對她說：

「我不知道妳現在經歷了什麼樣的困難，爸爸不是一個企業家，無法提供給妳更多在做生意上的意見和想法，但我想讓妳知道的是，妳在藝術創作上的成就，已經大大超越了我所能做到的，不管妳今天碰到什麼問題，將來碰到什麼困難，我要妳永遠記住，我以妳為榮！」

說完這些話的三個月後，Cindy 的父親就驟然離開人世，但那一句「我以妳為榮」成了 Cindy 當時灰暗生命中的一盞亮光，引領著她繼續走下去，也因此催生出她的第一件大師系列作品「紅寶側飛蝴蝶」。

等待奇蹟／紅寶側飛蝴蝶，預告一段重生歷程

我很明白，一個藝術家最大的痛苦，就是常常得要擺盪在現實與理想之間，Cindy 也不例外。

她曾經告訴過我，很渴望生命能夠像一隻美麗的蝴蝶，縱使活得短暫，也要用力燦爛！被父親的一席話重新激發創作熱情之後，Cindy 便下定決心，就算之後珠寶事業經營不下去，也要傾全力創作出一隻美麗的蝴蝶作品。

不過有意思的是，不同於市面上多數蝴蝶作品，主打展翅高飛的意象，Cindy 採用 12.89 克拉的緬甸無燒紅寶石，以及總計約 16 克拉的彩鑽及珠寶，最後創作出來的竟是一隻甫破繭而出、翅膀都還黏在一起的半側蝴蝶，名為「紅寶側飛蝴蝶」。

說是「半側」，其實細看又是一個三百六十度的微型雕塑，無論是從哪個角度看，正看、反看，蝴蝶身上的寶石都會折射出不同的色澤，美極了！

就我所知，Cindy 這種立體雕塑的天分，除了受到父親的啟蒙，也跟外祖父很有關係。相較於父親為 Cindy 展示的「微觀」創作態度，講究的是深度；身為廟宇建築師的外祖父，帶給 Cindy 的反而是一種「宏觀」的創作視野，著重的是寬度和高度。

當她還只是一個不到十歲的小女孩時，協助規劃台灣各大傳統廟宇的外祖父，就常會將一張張手繪草稿圖攤在大桌子上，教導她說：「人啊！看事情要懂得從三百六十度的角度去思考。」

外祖父的意思是，以一間廟宇的設計為例，從你的角度所理解的前門，從我的角度看來卻可能是側門，而從另一個人的角度來看，又可能是後門。

這種從小就建立起的 3D 立體思維，加上父親手把手教導的雕刻技巧，大大擴展了 Cindy 的創作視野。當一般傳統珠寶設計師，還在以 2D 手繪圖稿作為創作起點，Cindy 已經直接藉由臘膜雕塑，從事珠寶作品的 3D 雕琢，之後再回頭輔以 2D 手繪稿來進行配色。

這也在某種程度上說明了，為什麼 Cindy 的每一件珠寶設計，看起來總是格外栩栩如生、活靈活現。也無怪乎，當初我一見到「紅寶側飛蝴蝶」就被深深吸引，立即允諾要買下。

後來我才知道，當初在創作「紅寶側飛蝴蝶」時，Cindy 心想，既然都打算要離開這一行，那就盡情揮灑做出一個代表作吧！因此她完全將市場考量放一邊，把大顆寶石切割成小單位，再逐一細鑲在蝴蝶身上。

在製作的過程中，一度還被自家業務人員 Jessie 嫌說：「市場流行大顆寶石，妳做這種蝴蝶根本沒有市場性！不會有人買的。」然而，藝術家性格讓 Cindy 選擇忠於自我的創作，說不改就是不改。

這也就是為什麼，當 Jessie 一聽到我開口說要買，雖然樂不可支，但又顯得有些不可置信，事後還跟 Cindy 說：「妳那隻瘋狂的蝴蝶竟然有人要買！」

到此，生命一切如常。當時的我絲毫不知，側飛蝴蝶的破繭意象正預告著，我和 Cindy 將各自因為一場難以化解的苦難，驟然化蛹，然後被生命的冬雪層層裹覆，從死向生，只能默默等待奇蹟的發生……

我的苦難是發生在二〇〇八年六月。

當時才剛動完頸椎大手術的我，返家休養沒多久，就又突然感到一陣昏眩，而且頭痛欲裂。被救護車送往醫院後，因為腦出血而陷入昏迷，昏迷指數一度只剩下三——瀕臨腦死狀態的重度昏迷。

再次醒來，恢復意識，生命中的一切已經恍如隔世，鏡子裡的我完全變了一個人。光溜溜的頭皮，裹著一層刺眼的白紗布，整張臉也腫得不像樣。我的天！這根本不是我所認識的余湘。

我到底發生了什麼事？經過家人的說明，我才得知自己碰上了「腦動脈瘤破裂」，這個致命機率高達三分之一的腦病變疾病。

院方為了全力搶救我的生命，短短的十八天內動了三次腦部大刀。由於這類的手術變數很多，每一次被推進手術房，昏迷的我不清不楚，愛我的家人們卻必須時時做好生死離別的心理準備。

而這突如其來的一切，Cindy 當然都不知道。當時她從業務人員那邊得知的訊息僅僅是：「最近都找不到余董，手機沒人接，傳訊息也沒讀……」向來不喜歡對客戶

hard sell（強力推銷）的她，心一冷，便回了一句：「那就別聯絡了吧！余董可能是不想買，又不好意思直接回絕。」

殊不知，從他們世界消失的那一陣子，每一天我都在跟死神搏鬥，時而沉睡、時而清醒，只能被動等候破繭時日的到來……

奇妙的緣分／破繭而出，立即兌現大病前的約定

終於，三個多月後大病初癒，重返職場沒幾天，我就主動聯繫 Cindy 的業務，說要過去拿「紅寶側飛蝴蝶」這個作品，但希望付款交件的當天，Cindy 本人也能夠在場。

我永遠記得，當我帶著尚未消腫的臉、光禿禿的頭還包裹著絲巾，踏進 Cindy 的辦公室時，原本笑臉迎來的她，一意識到發生什麼事情，眼眶就紅了，然後緊緊抱住我，久久不能言語。

那個當下，我沒有哭，心裡卻也不免觸動，感慨人與人之間的緣分真的很奇妙。

每一天，我們都在跟人說再見，卻永遠無法預料這次說了再見，下次是不是能真的再見到面。

這就好比我跟 Cindy 之間，生病前，得知她的珠寶事業面臨生死存亡之秋，加上很喜歡「紅寶側飛蝴蝶」，便一心一意想透過買下這個別針，鼓勵 Cindy 持續她最愛的珠寶藝術創作。

哪知道，一場大病差點將我們分隔兩個世界。真的，若非上帝眷顧，恐怕我連再次站在她眼前的機會都沒有，更別說要兌現當初我自己在心裡對 Cindy 立下的那個約定。

印象中，當我舉起因身體尚在復原中、寫起字來仍會抖動的右手，在支票上寫下金額數字，再將支票撕下來，顫顫巍巍地交給 Cindy 時，她跟業務兩個人的眼淚始終沒停過。

感動，不是因為從我手上接過一筆公司正亟需的資金，而是聽到從我口中所說出來的一句話。

那句話是什麼？老實說，我自己也忘了！事後聽 Cindy 回憶，我才知道當時的情況是她問我說，都在這種情況下了，恢復健康應該才是最重要的事，為什麼我在出院後就急著來買她的這隻蝴蝶。

而我的回答是：「Cindy，因為我知道這對妳很重要！」正是這句話，深深激勵了當時幾乎要放棄珠寶創作的她，也是從那時候，Cindy Chao 這個品牌開始有了名為大師系列的年度蝴蝶誕生。

關於這段讓我們建立深刻情誼的生命歷程，Cindy 跟我都難以忘懷。最近重溫這段往事，她心情激動依舊地說：「就想像一個人沒有頭髮，頭顱一半凹陷，講話時嘴巴還像中風一樣，口水會不自覺地從嘴角流下來，不用問就知道，這個人肯定剛從醫院出來，那個畫面對我們的衝擊太大了，很難用言語形容。」

Cindy 認為，雖然我喜歡那隻蝴蝶，但會買下來收藏，主要還是支持和提拔她的成分居多。正因為從我身上感受到這股雪中送炭的溫情，讓當時已經在思考要不要結束公司的她，繼父親那句「我以妳為榮！」之後，也從這句「因為我知道這對妳很重要！」再次獲得堅持創作下去的熱情動力。

原先困住她的藝術之繭，終於有所突破；側飛蝴蝶，總算可以展翅高飛，迎向國際大舞台。

我和 Cindy 同為基督徒，我們都知道，即使一件事情有上帝的旨意在當中，實踐過程也未必能凡事亨通——正如毛毛蟲蛻變成蝴蝶的過程。破蛹之際，蝴蝶必須奮力從蛹裡掙脫，將蓄積在圓滾腹部的液體擠壓出來，像是吹氣球般將皺巴巴的翅膀撐起來，方能完成羽化的程序。若有外力協助將蛹劃破，幫助蝴蝶爬出，反而會加速蝴蝶的死亡。這就像人生路上的各種艱難困苦，都是用來激發蓄積在我們身上的潛力。

上述的道理聽來容易，如何帶著這樣的信心和盼望走下去，才是每個人生命中最難的課題。我也認為，人生道路上有真心夥伴的同行，其實是很重要的一件事情。因此，若是自己的小小出手幫忙，就能為這個世界成就一位大師，對我來說，何樂而不為呢？

蝴蝶展翅高飛／在國際奠定華人品牌地位

說來也幸運，自二〇〇七年相識至今，超過十個年頭的結伴同行，讓我得以親眼見證到，Cindy 如何從一個尚不知名的珠寶設計師，慢慢蛻變成為享譽國際的珠寶藝術家。

從早年像多數的台商一樣，必須拎著一只皮箱到世界各地參展，推廣自己的珠寶藝術作品，到後來突破藝術之繭、從困難中重生，Cindy 確實已經用行動證明，現在的她不僅展翅高飛，還創下許多的台灣第一。而此一生命質變，歷年來從她年度蝴蝶的創作軌跡中，亦可窺見。

尤其讓我感到與有榮焉的是，二〇一八年 Cindy 參加「倫敦大師傑作展」時，向我借了「紅寶石牡丹胸針」去參展，首次曝光，就為她拿下大師傑作獎。

這個作品的淵源是在相識之初，我拿了一條收藏已久的紅寶石項鍊委託她重新製作成胸針。前前後後等了將近十年，每一年我都會問她：「Cindy，胸針做好了嗎？」她的回覆一律是：「余董，快好了！」卻仍遲遲不見作品。

年復一年，直到快邁入第十年的時候，她才終於把「紅寶石牡丹胸針」交到我的手上。她告訴我，之所以投入那麼多時間與心力，一次又一次把做好的蠟雕模型打掉重做，十年磨一劍，其實是灌注了很深的情感在其中，希望透過胸針祝福我這位好友的人生，可以像盛開的牡丹一樣明亮璀璨！這份深情厚意，讓我感動不已。

至於對 Cindy 個人來說，藝術生涯中最具意義的時刻，應該就是二〇一六年獲選參與第二十八屆巴黎古董雙年展的展出。

每兩年舉行一次、為期九天的巴黎古董雙年展，一直是國際極具指標性的藝術盛事，也是眾多知名藝術家爭相躋身的夢想殿堂。不過名之為「古董展」，自然是要具有百年歷史的知名品牌，才有機會受邀參展。

曾經聽 Cindy 分享過，為了進入巴黎古董雙年展，她不僅足足準備了六年，還多次透過佳士得拍賣的人幫忙投石問路，側面打聽有沒有機會受邀，但得到的回應都是「Impossible!」意思是要她等下輩子吧！因為 Cindy Chao 這個品牌才成立十二年，根本扛不起「古董」雙年展這塊歷史招牌。

Cindy 自己想想，也對，一八四七年的 Cartier、一八九六年的 Van Cleef，這些受邀參展的法國知名珠寶品牌，都是百多年的經典。其他來自世界各地的參展珠寶品牌，名氣和資歷也自然不在話下。

反觀二〇〇四年的 Cindy Chao，藝術評價雖高，但成立不過十二年，能不能撐過下一個十年都還是未定之天，更別說要媲美古董珠寶。因此，後來她也慢慢接受，此生大概都無法實現進入「法國古董雙年展」的夢想了。

直到有一天傍晚六點出頭，當 Cindy 正忙著為一位金融界名人的長媳做婚宴出場前的首飾穿戴，突然，手機鈴聲響起，號碼顯示來電者是 Cindy Chao 的品牌公關。

「喂，怎麼了？我正在忙！」Cindy 沒好氣地問，心想竟然選在這種緊要關頭打電話來。

「Cindy，」公關的口氣顯得有些亢奮，但又刻意放慢語速、故作神祕地說：「妳趕快去看一下妳的 E-mail，現在。」

Cindy 有些失去耐心，她告訴公關，婚宴十幾分鐘後就要開始，新娘子的首飾還沒全部穿戴好，哪有什麼時間看 E-mail，「請妳直接告訴我發生什麼事情就好！」

幾經拉扯，公關也跟著火了，直接回嗆：「Cindy, check your fucking mail!」

「What?」公關從沒這樣跟她講過話，竟然寧可冒犯上司也要堅持 Cindy 自己去看，這會兒她才心不甘情不願地確認郵件 APP，一封署名法國古董雙年展主辦單位的信，隨即映入眼簾。

叩叩，信一敲開，「啊——」Cindy馬上歡呼尖叫，原來那是古董雙年展的參展邀請函。當下她才恍然大悟，難怪公關會堅持要她自己看，因為對方明白開信的這一刻對Cindy來說多麼深具意義！

恭喜的聲浪接連襲來，但很快地，Cindy的激動情緒平復下來，取而代之的是內心泛起一陣陣溫熱的感動。

她相信，這一切除了「上帝的安排」，再也沒有什麼可以解釋。

但從我的角度來看，天助自助者，即使上帝有意將Cindy推上國際舞台，她的珠寶設計作品也得先具備高度的水平，方能通過三百多位評鑑專家的挑剔眼光，因此Cindy長年來的堅持投入以及極為嚴苛的自我要求，絕對亦是勝出的關鍵。

危險與機會／展前四十八小時，全力克服萬難

就算出自上帝的安排，也不代表沿途會風平浪靜，況且上帝的美意，往往出乎我們的意料之外。

就在抵達巴黎、距離開展只剩下兩天的時候，發生了一件對 Cindy 而言驚天動地的事！

為了能在展覽現場一鳴驚人，吸引嘉賓的目光，並成為媒體鎂光燈捕捉的焦點，早在開展前幾個月，Cindy 慎重找來一位紐約的裝置藝術家，協助在巴黎大皇宮展場的布置。同為藝術家，過程中她盡量不去干涉對方的創意發想。

直到開展前兩天，正在接受法國一家電視台採訪的 Cindy，突然接到公司同事來電，說：「Cindy，妳還是來一趟好了。」當下她就知道大事不妙，草草結束訪問，衝到巴黎大皇宮，一看到現場的情況，差點沒暈倒，因為展區宛如一片廢墟。

一經探詢才知道，裝置藝術家的設計與大皇宮當初提供的展區比例不合，沒辦法整個放進去，只好當場切割，可是一切割就變得支離破碎，成了一團散落的零件，毫無整體性可言。

眼見展覽四十八小時後就要開幕，Cindy 心急如焚，她在心裡問道：「我努力了六年，好不容易來到巴黎，眼看兩天後就要開展了，難道要這樣功虧一簣？我非得爬得高高之後再重重摔下來嗎？」

但在此同時，面對裝置藝術家友人的致歉和解釋，Cindy 又顯得冷靜，說了一句：「I can’t allow my emotion overpower my intelligence. Let’s fix it.」（我不會讓我的情緒凌駕於智慧之上。讓我們解決問題吧！）便拿起電話打遍所有在法國認識的朋友，最後找到一位專門幫 Dior、Channel 這些大品牌做時裝秀的秀導臨時當救兵。

對方是個法國人，趕到展場時已經是當地時間深夜十一點多。看了現場的慘況後，轉頭對 Cindy 說，她只有兩個選擇，一是關場，二是用東西把所有的裝置藝術蓋起來，因為那是個不完整的設計。

連經驗老到的秀場導演都搖頭，讓 Cindy 更慌了。人前，好強的她依然故作冷靜，以免同事們也亂了陣腳；人後，凌晨時分回到飯店，她才忍不住崩潰大哭。

她不明白！費盡千辛萬苦終於來到巴黎參展，為何會發生這樣的事情？她不甘心！想到這六年來，對於珠寶創作水平的自我要求，全都設定在雙年展的高標準和等級，真的要在夢想觸手可及的一刻鎩羽而歸嗎？

Cindy 就這樣跪在地上祈禱，想到自己付出多少不為人知的代價，她淚流不止。最後她告訴自己，歷經千辛萬苦好不容易走到了這裡，也終於來到了巴黎，無論如何都一定要堅持下去。

關場？這是絕對不可能發生的事情！於是，Cindy 擦乾眼淚，決定再戰下去。

隔天一早，整晚沒闔眼的她，依舊以一身俐落的黑色套裝、紮起的馬尾，準時現身在巴黎大皇宮的展區前。然後，順著天外飛來的一筆靈感，一見到秀導她就問：「你可不可以幫我找到一批黑色絨布？」

秀導聽到 Cindy 打算用黑絨布把所有裝置藝術蓋起來，只留下圓形透明的展示球後，眼睛為之一亮，他告訴 Cindy：「看來妳明天有機會可以開場了！」

當然，想要臨時調來三公尺長的高質感黑絨布，同時還要符合主辦單位要求的防火規定，事情哪有那麼容易？但是就在秀導的協助動員之下，最後克服了這個難題，並且在隔天順利開展。

Cindy 原以為自己只是驚險過關，殊不知，隨著巴黎的夜幕低垂，精彩的重頭戲才正要登場。

看過巴黎大皇宮的人都知道，這座建築最著名的就是玻璃鏤空的穹頂。白天時，Cindy 的珠寶展區跟其他品牌的看來沒什麼兩樣，可是到了夜晚，當月光穿透玻璃灑下來的時候，她的展區就顯得非常突出，在黑絨布的襯托之下，感覺每件珠寶作品都飄浮在半空中，如幻似真。

那次的展出非常成功。當時展出的九件 Black Label 大師系列作品，有幾件是蝴蝶造型，若是沒仔細看那些套在珠寶上的圓罩，還會以為真的有蝴蝶在眼前翩翩飛舞，令人驚豔讚嘆。

爭相目睹的人潮之多，就連雙年展主席也得排上四個小時的隊，才有機會和 Cindy 交談，並大讚其作品儼然成為這次雙年展的主角；巴黎的第一位女市長安娜・伊達戈（Anne Hidalgo）亦然，為了欣賞這一系列作品，甘心隱身朝聖行列當中，還主動向 Cindy 握手致意，謝謝她為法國帶來那麼漂亮的作品。

媒體更是大篇幅報導當天的展出，其中一家法國主流媒體還以一句「Cindy Chao 為法國最引以為傲的珠寶工藝，帶來一個工藝性的珠寶革命」，來讚嘆她的珠寶藝術高度。

困難無所不在／你用什麼態度應對？

Cindy 那些驚人的「第一」清單，還在陸續新增當中，但她已臻個人的藝術巔峰了嗎？就在一次為她的祝福禱告當中，我的腦海浮現許多寓意深遠的畫面。

我記得那時候看到的第一個畫面是，在高速公路上有很多車子川流不息，從交流道下來之後有一個森林，但車子沒辦法繼續往前開，人得要下車走路進去，森林中有一棟兩層樓的房子。

透過這個畫面傳達的意象，我對正在考慮要不要移師歐美的 Cindy 說：「雖然妳的品牌基地是在台北，不像有些國際知名品牌起源於巴黎、米蘭、紐約，但正如同畫面中的房子不是座落在大馬路邊，妳也不用擔心，因為『菜好不怕巷子深』，就算妳的房子是在森林裡，人們也願意開車、走路來欣賞妳的作品。」

我還看見另一個畫面，旭日東昇的太陽照耀著一片寬廣海洋，陽光灑落讓整個海面變成金黃色，非常耀眼奪目。我也向 Cindy 解釋說，旭日東昇的太陽就像她現在的事業一樣，仍在爬升，還未到日正當中，而水代表著神的恩典，顯示她的創意將會源源不絕，珠寶事業還有一段大好前程可以走。

Cindy 聽了自然很受激勵，也意識到自己肩頭的遠大使命。她提到，歷經這些年來在各大國際展覽間的征戰，終於讓華人珠寶品牌在西方殿堂占有一席之地。放眼未來，她的使命是要培養出更多具國際觀的台灣珠寶設計師，並且將 Cindy Chao 打造成一個代表華人藝術工藝的國際品牌。

同時 Cindy 也很清楚，即使前方的康莊道路已經隱約可見，前往的過程中必然難免崎嶇。

如其所言，人生每個階段會遇到的困難和挑戰都不同，常有來自資金、硬體、經營管理、設計創意等各種面向的問題等著去克服。我們看到 Cindy 一路走來展現的態度正是，當「困難必然出現」的事實不變，唯有依循專業與熱情堅持下去，方有可能戰勝一切。

再舉個例子來說，二〇一一年，Cindy 為了當年底要在北京成立首家品牌旗艦店，預展時邀請了《慾望城市》女主角莎拉・潔西卡・派克出席。這位好萊塢國際巨星人生第一次到中國就獻給 Cindy，這是多麼轟動的一件事！

為此，Cindy 傾注了當時所有的資源舉辦預展，還廣發媒體通告，預計有三百個媒體會來採訪。但沒想到，原定開幕前一天中午抵達的莎拉．潔西卡．派克一行人，竟因為兒子保母的簽證問題，而卡在海關出不來，甚至可能要原機遣返。

當時 Cindy 心想完了，莎拉．潔西卡．派克若沒出現在記者會上，金錢的損失還算小事，若是媒體因此誤以為她刻意欺騙，那 Cindy Chao 這個品牌的名聲在中國將毀於一旦。

那種壓力絕非一般人能想像，但 Cindy 沒有被緊急突發狀況打敗，仍舊咬著牙關努力多方協調。趕在開幕前的凌晨，終於讓莎拉．潔西卡．派克一行人順利入境，並且如期在預展記者會上，以 Cindy 的好友之姿與媒體記者們見面，品牌自此一戰成名。

從這十多年來我對 Cindy 的認識，她的人生中值得書寫的化困境為祝福的故事太多太多。尤其同樣身為母親，對於她當初為了專心創業，強忍著心痛也要把當時九歲的兒子送到美國唸書，這股魄力和決心，我亦感到十分欽佩。

創業，本就萬事起頭難。Cindy 身為一個單親母親，在自家客廳創業時，常常得一邊創作一邊照顧小孩，時不時還要跑三點半，一根蠟燭多頭燒。後來不得已，她才做出了把兒子送到國外唸書的決定。

Cindy 形容，當時帶著兒子前往學校的途中，一路上她都強忍著眼淚，深怕一哭，她與兒子會更難分難捨。一直到送兒子進入學校宿舍，安頓好之後，一離開，她的眼淚才撲簌簌地流下來，哭到不能自已。

十多年後的今天，Cindy 的兒子已經成年，也順利進入美國華頓商學院就讀。有一次在跟 Cindy 公司的工作人員聊天，兒子才透露，他當初以為媽媽是不要自己了，才故意把他送走，所以道別說再見的時候媽媽也沒有難過。直到很多年以後，他才知道實情原來是，媽媽一走出去就崩潰了！想想母子之間這種不能透露給彼此知曉的心意，竟深藏了這麼多年，有多麼煎熬啊！

當年，繳完兒子的昂貴學費，Cindy 的帳戶裡也只剩下八百六十塊美元。犧牲如此之多，承受如此之重，未來的路究竟會通往哪裡？誰也不知道。將來會不會成功？更是一個未知數。但是，當時的 Cindy 選擇在自己的創作之路上繼續走下去，縱使過往至今，困難和挫折從來都沒有少過。

關於如何面對困難這個問題，我很欣賞 Cindy 自己下的這段註解。

她說：「人生要經歷的困難很多，而人其實非常軟弱，也很需要幫助。但無論如何，你一定要很認真，因為一個懶惰的人是不可能得到幫助的，當你很認真且又有信仰的支撐時，恭喜你，你將從此變得很強大！」

在此我也要繼續祝福她！Cindy Chao 趙心綺，我這位越來越強大的朋友。

改變

三立電視台總經理

張榮華

別讓「不可能」這三個字，
成為你的口頭禪和思考習慣，
人生是自己創造出來的，
一次的成功會帶來更多的成功，
但若害怕失去就會帶來更多的失去。

從一家南部小唱片行，到一家規模盛大的電視台，
人稱「華流教父」的三立電視台總經理張榮華，
無論是面對人生還是事業，都不斷力求改變和突破，
並且漸漸愛上了，自己進步的樣子……

如果說，我和 Cindy Chao 的結緣是屬於不打不相識，那麼我跟三立電視台總經理張榮華的友誼啟蒙，可謂是「英雄惜英雄」。

我的性格「頂真」，覺得做什麼就應該要像什麼，自然打從心裡欣賞跟我一樣對本業也很專注投入的人。當我看到張總從一個賣錄影帶的年輕小夥子，慢慢做到有自己的頻道，風華正茂的模樣，我就知道他將來必定是一號人物，只是時間早晚的問題。

他也很有心！印象中，每一年的開春他都會約我餐敘，跟我聊聊新年度的產業現況，也希望我能夠把客戶的廣告放在三立電視台播放。在那個無線三台鼎立的年代，有線電視頻道尚未成氣候，多數廣告客戶還是會選擇在無線電視台投放，導致有線電視頻道常常拉不到廣告，處境艱難。

但似乎從認識張總開始，我在他身上就從沒看過「不可能」三個字。無論媒體大環境多麼不容易，他總是能在夾縫中看見契機，然後勇往直前，直到闖出自己的一片天。

認識我的朋友們當中，很多人都誇我是一個傳奇人物，因為完成了很多廣告圈裡不可能完成的任務，像是大病過後買下聯廣，把一家原本一季虧一千萬，連中信集團都不想經營的公司，接手後第四個月就轉虧為盈，小賺十二萬，最後還成功上市。

這些成績對很多人而言，根本是不可能的事，但其實在我眼中，還有一個人表現得比我更極致，那人就是張總。這也就是為什麼，在「余湘的一〇〇個朋友」生命故事系列講座上，我在介紹張總時，特別用主演電影《不可能的任務》男主角的湯姆．克魯斯來形容他。

一個是台灣影視界的經營奇才，一個是享譽全球的好萊塢動作巨星，雖然八竿子打不著關係，但在我眼中，兩個人都一樣長得帥帥的，個頭也大約都是一百七十，總是能不斷完成很多別人看來不可能的事。

挑戰不可能／從小唱片行，預見錄影帶商機

當今的年輕世代們，對於張總的認識，可能僅止於電視台經營者的角色，尤其是三立不同於其他電視台，向來堅持走自製內容的路線，把「華流」帶到國際市場，年產多部的偶像劇和本土劇，往往一推出就掀起熱潮，吸引不少時下年輕人的注意。

但若將時間拉回到二十多年前，「張榮華」三個字之所以廣為人知，是因為《豬哥亮歌廳秀》出租錄影帶的空前熱銷。當時鮮少人知道，在台南市麻豆區土生土長的庄腳囝仔張總，最早是從開唱片行起家，開店的地點，位於高雄「藍寶石歌廳」的附近。

張總自稱，自己是個從小就不喜歡唸書的人，高職畢業一心一意想要做生意賺錢，卻苦無門路。趁著當兵前，曾經北上到瓦楞紙工廠短暫工作一陣子，一直到了退伍之後，才開始從自身興趣著手，思考要創業開一家什麼樣的店。

「於是我開始認真思考，自己的興趣是什麼？年輕時候喜歡聽音樂、玩音響，不然就是去看藝術展，後來考量開畫廊的門檻很高，也比較不流行，加上當時的經驗和

能力有限，就決定選擇開唱片行！」

每次聽到張總分享這一段創業故事時，總覺得他是一個很真性情的人，因為他都坦承告訴大家，當初為了尋找合適的唱片行地點，還刻意去找了一份送貨員的工作，以便趁著每天送貨的機會，瀏覽路邊電線桿貼的出租小廣告，既省錢又省時。

後來還真給他找到一個好地點——高雄市新興區同愛街四十四號，「藍寶石歌廳」的巷口。而這裡，也是將張總一步步推向媒體大亨的重要起點。

那原是一家五坪大的麵店，老闆有意收攤不做了，把自家店面出租。看到有個年輕小夥子有興趣，起先還有些竊喜，哪知一聽到張總說要租來開唱片行，覺得他肯定撐不了多久，臉一垮、手一揮，馬上拒絕！

張總當然不會就此放棄！轉而釋出更大的善意，說：「老闆，這樣好不好，我知道你也想把麵攤的這些生財器具賣一賣，看多少錢，你開個價，我全部跟你買下來，然後你把店租給我。」

聽到他提出來的條件不錯，老闆態度有些動搖。後來，用手比了一個ＯＫ手勢，意思是「賣三萬！」幾經來回議價，兩人以兩萬五千塊成交，但因為器具張總根本用不到，就仍然放在老闆那邊。

張總也很清楚，老闆之所以會答應出租還妥協降價，大概是在心裡想說，「碰到一個傻小子，沒關係，我就先把器具搬上樓，等他倒了我再搬下來。」家人對於他要開唱片行的決定，也不怎麼贊成；麵店鄰居更是個個等著看好戲，賭他撐不了多久。

諸多因素結合下，輔以當時的生存現實，徹底激發了張總的鬥志。他告訴自己，開店之後一定要撐下去，不可以讓人看衰，後來也果真讓他撐了十幾年。最後會收掉唱片行，並非經營不善，而是已經看到更大的錄影帶商機。

也正是這種「雖千萬人吾往矣」的不怕死精神，讓我倆特別惺惺相惜。我們更像的一點是，每當外在環境越是不利，體內的腎上腺素就越會直線飆升，用 fight（戰）取代 flight（逃），進而寫下一個個令人讚嘆的產業傳奇。他如此，我亦然。

專注本業／總機小妹變媒體教母，張總視為偶像

相識之初，我就經常從張總的口中，聽到他對我工作能力的讚美之詞，還直呼我

是他在這個圈子的偶像，說得我都有些不好意思。但回望自己的人生一路走來，我也確實跟他一樣非常努力、非常勇敢，總是能緊緊抓住老天爺拋擲過來的纜繩，如攀岩般一步一步向上攀爬。

張總還說，他常常拿我從一個總機小妹變成媒體教母的傳奇故事，當成訓練員工的正面教材，鼓勵員工不要害怕改變，也不要怕改變自己，這讓我有些小小竊喜，能得到像他這樣的朋友肯定，實在感到很榮幸。

而從我的眼中看張總，更是一位傳奇人物。他在成為華流教父之前，為了賺錢並兼顧個人興趣，也是踏踏實實從一家小唱片行起家，直到看見錄影帶的出租商機，跨界投入內容製作，才慢慢走向頻道和電視台的經營。

或許有人會好奇，張總早年在做的明明是唱片銷售，為什麼看見的卻是錄影帶出租商機？

對此，張總自己的說法是，當時唱片行就開在「藍寶石歌廳」的附近，加上自己喜歡聽歌，就常常跑進去光顧，後來想到不如配合「藍寶石歌廳」，看裡面的主秀像是余天他們，在歌廳唱什麼歌，唱片行就播放那首歌，試圖吸引歌廳秀的客人前來購買。

這一招雖然不至於讓唱片行裡的專輯大賣，卻引來不少客人前來詢問：「有沒有在出租藍寶石歌廳秀的表演錄影帶？」隨著尋問的人越來越多，他就嗅到了這個商機，付給餐廳老闆費用之後，就開始拿攝影機側錄「藍寶石歌廳」的主秀表演，再拷貝成一捲一捲的錄影帶來出租，很快就得到回收。

以當時一場歌廳秀要價三百到五百元來說，花錢租錄影帶回家看，不僅只要花一百元左右，還可以闔家共賞，多划算啊！

等到錄影帶出租做了一陣子，勇於求新求變的張總又開始思考，為什麼錄影帶的內容選擇那麼少？於是他收掉唱片行，北上轉型成為自製錄影帶商，成功掀起《豬哥亮歌廳秀》的錄影帶出租風潮。那年代搭過「野雞車」或是乘坐遊覽車出遊的人想必都記得，每一台車幾乎都在播《豬哥亮歌廳秀》，沿途笑聲不斷，為台灣民眾製造很多歡笑記憶。

這個部分的轉折，也是我特別想跟年輕朋友們分享的重點。先前在一些公開演講的場合，不時會聽到年輕朋友喟嘆生不逢時，加上行行不景氣，好像無論再怎麼努力都看不到翻身契機。但真的是如此嗎？

關於這一點，我個人很認同張總的觀點。他形容，自己是靠著一步一腳印走到現在，而且越走路越寬廣，因為身處在一個產業裡面，除非是不務正業，或是漠不關心自己的產業，否則只要夠專注和用心，自然就會看到產業裡面很多的機會，進而去了解它發展的可行性。

我個人也認為，「再不景氣的時代也有賺錢的行業，再不景氣的行業也有很賺錢的公司」。每個時代有每個時代不同的機會。一個人只要在本業上非常堅持，而且敢闖、敢拚，通常就能窮則變、變則通。亦即，別人看這個產業好像走到盡頭或瓶頸，但因為你很專注在當中，自然可以看見新的可能性——而這也就是決定一個人是否能出類拔萃的關鍵。

發掘熱忱／做真正喜歡的事情，再苦也不覺得累

每個人身處的時空背景都不相同，「成功沒有辦法複製，態度卻可以學習。」這

是我很常用來激勵年輕朋友們的一句話。張總提及錄影帶製作的那段成功經驗時，也特別強調說，每個階段的發展都不一樣，不可能再去重複以前成功的模式。

比方說，一樣是內容製作，早年主要以錄影帶為載體，時至今日，YouTube、FB等開放式平台一躍變成了主流。因為播放平台的屬性差異，觸及到觀眾群不同，內容競爭也朝向國際化，沒有地域跟時間的限制，完全無法以錄影帶這種封閉型媒體的角度去思考，否則就會被淘汰。

而且後來聽張總分享，我才知道，在投入錄影帶內容製作的那段時期，他並不單單只是一個出資方，而是同樣秉持專注本業的精神，捲起袖子親身參與節目製作。但凡節目的攝影、編劇、剪接、導演等工作，全都難不倒他，據說到現在，三立每一齣戲的劇本都必須先經過他的審核，才能正式開拍。

此外，他之所以能夠同時精通這麼多幕後製作的專業，其實是用了一招絕活，就是「偷偷學」。張總說，即使是小成本製作的節目，他也會盡量選擇比較專業的人或是該領域的第一把手，然後在旁邊偷偷學習。也因為對於節目製作充滿熱情，舞台燈光怎麼打？導播如何切換鏡頭？他看久了，同樣具備基本概念。

成立三立電視台，跨足戲劇拍攝之後，他開始固定跟幾位知名導演和編劇互動，也因此學到不少戲劇專業。其中，又以曾用《台灣霹靂火》創下收視奇蹟的編劇鄭文華講過的一句話，最令他印象深刻。

鄭文華告訴張總說：「人們看戲是在看一個過程，而不是結果，因為結果都一樣，就是壞人死了、有情人終成眷屬，所以過程要寫得很好看、很精彩，這樣才會一直吸引觀眾的目光。」無怪乎，《台灣霹靂火》能列為台灣電視史上的第二長壽劇。

除了身體力行之外，我也很欣賞張總對於「工作熱忱」一詞的比喻。他表示，一個人只要找到真正喜歡做的事情，即使過程繁瑣且辛苦，依舊不會覺得累，那就好比小孩子喜歡打電動，打到廢寢忘食也不覺得累。

而工作熱忱之所以重要的原因在於，「若想要把一件事情做到淋漓盡致的好，就一定要對這件事有熱忱。」張總因此鼓勵年輕朋友，與其被動的等待機會從天而降，不如專注本業、挖掘內在熱情，一旦找到真正熱愛的事情就會願意全力投入，不斷尋求創新和突破，並且臻於完美。

也唯有具備工作熱忱，方能在你消我長的競爭洪流當中，免於被洗刷掉的命運！

繼張總創造出《豬哥亮歌廳秀》的空前熱潮，當時的八大電視公司創辦人楊登魁（歿）開始出手搶人，重金挖走了豬哥亮（歿）。再加上，錄影帶產業逐漸沒落，讓他陷入前所未有的經營危機，當時為了存活下來，不得不砍掉一大半的員工，還一度萌生放棄不做的念頭。

所幸，他是一個很懂得往前看的人，沒有在低谷中徘徊太久，就趁著幫某頻道商做節目的機會，順勢從頻道經營轉向電視台的創立。

或許這也就是為什麼，當有人問張總生命中有沒有什麼失敗的經驗，他很難回答得出來。相較於多數人的原地舔傷，他的不斷奮發向前，總是能為人生中的每個挫敗平添幾分宿命之美，因而回望一切，盡是感謝。

這樣的他，閱讀名人自傳時，也不太會花時間去看作者的成長歷程或是創業過程，因為大家都一樣辛苦，幾乎沒有例外。真正會吸引他深入去探究的部分，反而是作者在成功之後如何面臨未來規劃跟轉型，這才能真正幫助他往正確的方向前進。

本土情懷／跨足有線電視，情義相挺變戰友

生命的底蘊，越陳越香；歷經歲月長河洗鍊過的情誼，亦猶如一瓶珍藏百年的威士忌，散發著一股熟成的清香，口感溫潤且不灼心。

我和張總雖非酒中豪傑，卻深懷英雄氣概。在各自為事業衝刺的那些年日裡，我們並非時刻噓寒問暖，也不以社交手腕來維持關係，關鍵時刻卻必定會拔刀相助、情義相挺。

張總曾經提起一段特別令他感念的過去，他說：「余董在我經營有線電視台的初期，有時候廣告量不足殺過去，她二話不說就把廣告量調過來給三立，真的是義氣相挺、女中豪傑。」

但張總亦待我不薄，對廣告代理商也比一般電視台來得重視。我還記得，在各家電視台都尚未看重廣告代理商的關係經營時，張總就首開先例舉辦了感恩餐會，邀請幾家主要的代理商參加，還很慎重邀請我當主要的致詞貴賓，表明他真的是把我當好朋友。

有時我會想，或許我們的體內都流著相似的血液，叫做肝膽義氣，因此即使分別在自己的事業軌道上奔跑，內心追尋的卻是同樣的情感價值。

特別是這幾年，從一場大病中歷劫歸來、經濟也無虞之後，我開始渴望運用一己之力，號召更多同具影響力的好友們，一起投入回饋社會、提升台灣這塊土地人文價值的事情。

張總，則是在更早以前就結合事業體系，持續積累台灣的本土敘事能量。最明顯的例子就是，在眾多電視台爭相引進「日流」和「韓流」時，張總一路走來卻堅持打造專屬台灣人的「華流」，三立電視台自一九八三年創立以來，平均每年都有高達四千個小時的自製節目內容，其中戲劇就占了一千個小時。

換算之下，全台灣每兩部戲劇當中，就有一部是出自三立戲劇團隊的原創。以二〇〇八年推出的知名偶像劇《命中注定我愛你》為例，除了在台灣創下偶像劇的收視佳績，還行銷到日本、韓國、泰國、中國等地，堪稱是台灣偶像劇史上的一絕。

張總的本土情懷，亦充分體現在他對本土藝術家的支持，其中最震撼藝術界的一次出手，是二〇〇七年在香港佳士得秋拍上，以相當於台幣二點一億，標下台灣已故本土藝術家陳澄波的《淡水夕照》畫作。另外，一些當代藝術家像是朱銘、李真等人的作品，也都在他的收藏之列，三立電視台大廳擺設的大型太極雕像，即出自朱銘之手。

就我個人觀察，多數企業家投入藝術典藏，除了看好作品本身的增值潛力，不外乎是想突顯個人的品味高度，但對張總來說，這些收藏的背後更是具體傳達出他對於本土藝術家的珍視及惜愛。就好比我當初受到Cindy Chao珠寶設計吸引的同時，也想透過收藏來支持她創作的心意。

面對台灣的本土藝人，張總也常不吝提供舞台，甚或雪中送炭。藝人白冰冰就曾經在書中提到一段她跟張總的淵源。

早年三立還在自製錄影帶商的階段，曾由白冰冰與余天、賀一航（歿）搭檔主持《金牌點唱秀》，身兼節目製作人、導演、導播的張總，與三人建立起深刻的情誼。不料，有天白冰冰突然被競爭對手以極高的價碼挖腳，還安排跟已經先跳槽的豬哥亮搭檔主持。

面對白冰冰的無預警請辭，張總一度難以接受，但整了整心情之後，還是走出導播室，體貼地幫忙個兒嬌小的白冰冰拎著大包小包，護送她離開。過程中沒有一句惡言相向，幾年後三立崛起，也沒有封殺她的演藝之路，張總寬容大度的為人處事，讓白冰冰一直感念在心。

而實際上，念舊、惜情、講義氣，亦是我這三十多年來認識的張總。

識人之明／情定女藝人，蘇麗媚是老婆也是得力助手

我永遠記得，一九九九年，當我離開民視副總經理一職，第二次創業，在台北市永吉街一六八號成立一家小小的「媒体庫」，張總就帶著當時的新婚妻子蘇麗媚前來。為了尋求一個好吉兆，還刻意選在一九九九年六月六日的傍晚六點，才正式踏進公司拜訪。

此舉帶給我很大的激勵。當時有線電視台開始崛起，而張總已經貴為三立電視台總經理，帶著明星妻子大駕光臨，自然讓身為老闆的我感動不已。

當時張總還說：「余湘，妳現在這樣很好，只有六個員工，讓我很羨慕，我們覺

得一家公司小小的經營，能賺錢就很好。」

時隔多年後，只要一見面，我總愛拿這句話開他玩笑，說：「張總，你當初說羨慕我公司小小的經營就好，我以為你回去之後會把公司的規模縮小，結果你現在的電視王國竟然用了一千五百個人。」每講完這句話，張總都會露出慣有的靦腆笑容，不解釋，一切盡在不言中。

回顧張總的成功之路，除了他自身的努力和堅持，妻子蘇麗媚也是很關鍵的一號人物。至於兩個人是怎麼從相識、相戀，到決定共度一生的呢？難得公開自曝私生活的張總說，其實他跟蘇麗媚很早就認識，蘇麗媚不演戲之後，轉而幫友人經營一陣子的夜店，後來受到時任台北市長陳水扁整頓八大行業的影響，夜店開不下去，進而到天母開服飾店，張總偶爾會去光顧。

經過了一段時間觀察，張總覺得蘇麗媚能力不錯，加上服飾店也經營得很辛苦，就找她進三立當貼身特助，以近距離相處的方式來評估蘇麗媚的潛力到哪。

當然啦！以我身為女人的敏感度來看，張總肯定多少已經對蘇麗媚有好感，加上蘇麗媚本身的能力又強，自然雀屏中選。近水樓台，兩人一九九九年結為連理。

婚後，因張總內舉不避親以及獨到的識人能力，蘇麗媚除了為張總產下兩子，還是他事業的得力助手。「我是看到人才就會挖，用人原則是要聰明、有專長，但專長不一定是做電視的專長，當時我就覺得她符合我的用人原則，有獨立的思考、自己的想法，也有企圖心和執行力。」

長相的部分呢？「中等美女就好了，氣質好比較重要！」我覺得張總講這個話根本是客氣啦！看過蘇麗媚的人就知道，她怎麼可能只是中等美女呢？而且氣質出眾的程度，簡直沒話講。

同樣身為職業女性，我知道蘇麗媚要兼顧家庭和工作，肯定很不容易。所以在幫張總建置起三立新聞台之後，階段性任務完成，加上兩個孩子也需要媽媽多一點陪伴，蘇麗媚便卸下了「三立電視台執行副總」一職，暫時退居幕後成為張總的賢內助。

直到近年，孩子都大了，她才又以「夢田文創執行長」之姿，活躍於檯面上，積極協助張總拓展文創事業的局面。夫妻倆一起共事，生命目標更加一致，但也更需要彼此尊重的智慧。關於這一點，張總就做得很不錯，懂得放手讓蘇麗媚去發揮，兩人回到家也很有默契地不太談公事，單純回歸家庭生活。

而且我發現，他們夫妻倆不僅踏實的做事個性很相像，也很勇於面對不可能的任務。想想當初張總要成立三立新聞台時，不僅身為自家人與三立主要股東的二姊和二姊夫極力反對，因為新聞台是賠錢貨，同業間也有人揶揄說：「難不成是要找豬哥亮來播新聞嗎？」可見當時的看衰聲浪有多大。

但蘇麗媚在張總一聲令下，還是霸氣地捲起袖子開疆闢土。對比當今的「三立新聞台」收視經常開紅盤，一九九八年新聞台開播之初，很多職缺根本都乏人問津。

「那時候找記者沒人願意來，找主播也找不到，因為覺得你不專業，擔心做不下去就沒有工作。也因為找不到優秀的記者跟主播，惡性循環，做起來更顯得不專業，但就是『熬』，要下定決心讓人相信你會堅持下去！」不知道為什麼，聽張總講這段話時，我的心裡有些激動。

沒錯！正是「熬」這個字，決定了張榮華何以是今天的媒體大亨，而不是當初那個繼續窩在高雄小唱片行坐以待斃的影視小兵。

張總繼續補充說：「千里之行始於足下，任何事情總要有一個開始，而且設定目標很重要，有目標就會有動力，雖然不會馬上看到成績，就像二十年前如果覺得開新聞台太難就沒做，那現在就不會有三立新聞台。任何新事業剛開始的兩、三年都很辛苦，但熬過了就有可能達到目標。」

習慣改變／不斷自我提升，愛上自己進步的樣子

近年來，張總也陸續把事業版圖擴展到文創和網路新媒體，並於二〇一八年買下位於桃園的埔心牧場，計劃將其打造成一座影城。四十幾公頃的面積，相當於一點五個大安森林公園、十個華山藝文園區，要價自然不斐，花了三立二十六點六三億元。

為了完成為台灣人打造一座影城的夢想，張總不僅等了十年，還砸下天文數字，換作是其他人，恐怕早就放棄不玩了。但我所認識的張總就是，縱使財務長勸說：「總經理，這個案子不能做，以財務的角度來說一定賠錢。」他卻十足逆向思考，回應財務長：「謝謝你，但我還是要做，所以接下來我們就一起來想想，怎麼做才能讓這個案子不賠錢。」

此又再次呼應了，張總確實如同湯姆．克魯斯，無論到幾歲都還是在主演《不可

能任務》的續集，永不間斷。他也經常以自身為例鼓勵現在的年輕人，千萬不要因為別人跟你說不可能，你就覺得自己做不到。

張總自己回想，三十幾年前開唱片行，沒人敢投資，只有二姊跟二姊夫（林崑海）敢拿錢出來。但他也知道兩人之所以願意幫忙，其實另有考量，因為如果不投資他，他就會一直想著開唱片行的事；如果投資他，結果賠錢，那他以後就會死心了。

「所以那時候我就在心裡告訴自己，我一定要成功！」後來也的確讓二姊和二姊夫的投資賺回了幾千倍，因為張總從唱片行相準了錄影帶出租商機，後來又篳路藍縷一步步打造出電視王國，事業規模早已非一間小唱片行所能比擬。

前段時間，張總走訪高雄的「起家厝」，早年的唱片行位置，他慶幸自己轉型得早。當年若不是秉持著挑戰不可能的精神，不斷走出舒適圈，北上奮鬥，三十年後的今天，唱片行隔壁開西藥房的阿伯依舊在開西藥房；賣早餐的阿姨也還在賣早餐，但他的唱片行肯定早就被時代淘汰，難以存活下來。

「別讓『不可能』這三個字，成為口頭禪和思考習慣，」張總進一步指出：「人生是自己創造出來的，一次的成功會帶來更多的成功，但若害怕失去就會帶來更多的失去；人生也不能像貝多芬的《第五號交響曲》，當命運來敲門的時候，永遠在『等等等等』，而且一個人最大的悲哀就是自我懷疑和自認無能為力。」

也正因為不願意只是「等等等等」，我看到張總經常化被動為主動，趕在被時代潮流淘汰之前，就先揭竿起義、革自己的命。即使在我們這些企業家友人眼中，他已經夠成功了，但每一次談話還是會感覺他要得更多，也因此不斷自我要求改變和進步。

對此張總自己也不否認，並且解釋說：「我的觀念是，當我看到公司有機會變得更好，為什麼不去做呢？只要你有一個方向，比如每天要求自己變得更好，努力讓公司變得更好，這些事情自然會慢慢發生；反之，如果你不關心自己或公司，那麼一切也會慢慢『走鐘』了。」

「一個成功，往往會帶來更多的成功。」改變，對張總而言亦是如此。他認為，一個人若是開心見到自己進步，那麼就會更願意持續去改變，然後漸漸地「愛上自己進步的樣子」。

有意思的是，每次只要談到「改變並尋求進步」的這個理念，張總就會喜孜孜地指著自己的新髮型，以親身見證之姿開心分享說，以往他的髮型數十年如一日，直到前幾年聽從一位髮型師建議，嘗試抹油把頭髮整個梳上去，才發現這樣的自己還頗為有型，自此便「愛上自己進步的樣子」。

這也讓我聯想到一個故事。有個事業有成的男子，為了一圓年輕時的夢想，跑去買重機，外出時還耍帥地搭配一身皮衣皮褲，帥氣到不行，路人對他行注目禮的同時，也對他投以微笑。

男子原以為，大家會注意他是因為羨慕，因此心裡有些得意，直至騎到一面落地窗前一照，才發現原來是自己的肚子已經大到把皮衣繃開了。從此他下定決心要瘦身加健身，一段時間過後，果真練就出了好身材，照著鏡子，他終於發自內心讚嘆：「嗯！這才是我真正想要的自己。」

藉由上述的小故事，以及張總這位朋友的奮鬥歷程，我想鼓勵年輕朋友們不要害怕改變，只要確定自己是往對的方向前進，那麼就放膽去嘗試，相信有朝一日，你也會跟張總一樣對著鏡子微笑，從此愛上自己進步的樣子。

遠東巨城購物中心董事長

李靜芳

勇氣

如果你很認真、很老實、很善良地，
把每個轉捩點當作是學習的起點，
相信我，亮點就離你不遠了！

一個從小備受父母呵護的掌上明珠，
十七歲舉家移民美國，自此變成落難公主，
但永不向困境低頭的她，不僅一肩扛起家計，
返台後加入遠東集團，締造了無數亮眼成績……

演藝圈流行少女團體，在台灣師範大學國際時尚EMBA，也有個女子二人組！高中畢業時，我沒有選擇保送台師大體育系，然而在命運的巧妙安排下，數十年後，感謝遠東巨城購物中心董事長李靜芳的邀請，讓我站上了台師大的講台，與靜芳同為所上兼任教授，而且還是「國際時尚之花」，學生們都管我們叫「芳湘姊妹花」——她是芳芳老師，我是湘湘老師！

芳芳老師在學校有多受歡迎？由她主講的「余湘的一〇〇個朋友」講座當天，為了替芳芳「讚聲」，光是GF－EMBA的學生就來了一百多位，出席率比他們辦的同學會還踴躍，芳芳老師人氣指數之高，不言而喻。

曾經有學生看我和芳芳交情甚好，好奇問說：「湘湘老師，妳跟芳芳老師很像嗎？」我回答說：「一點也不！我跟她完全不一樣！」

先說身材吧，我胖她瘦。猶記得，我們跟第一屆GF－EMBA學生畢業旅行途中，我剛好看到一條很漂亮的腰帶，試圍之後發現太小，圍不下，我就轉頭跟芳芳講說：「這條腰帶很漂亮，妳來圍圍看。」

她試圍之後搖搖頭，說：「我也不行啊！」正當我暗自竊喜原來我們都一樣時，她又冷不防地補了一句：「太大了，我也不合適！」我馬上被打回現實了，哈哈！

在個人特質方面，她溫柔、我霸氣；她謹慎，我直率；而她哭點極低，我卻是周遭人都哭到淚流滿面，我依然淡定，一副沒事人般……，我們之間的反差大到，連講座當天的穿著對比都很強烈，她全身白、我全身黑，事前完全沒套招！

雖然我們相處的時光總是充滿歡笑，但了解芳芳的人都知道，其實她有過一段墜入低谷的成長歷程，這也是為什麼講座開始之前，我就提醒大家要先準備好面紙，不是在開玩笑或純粹做效果，因為她要說的故事實在是太曲折，太好哭了！

一念之間／不向命運低頭，反而在荒漠看見生機

每個人的生命都有十七歲，但相較於多數人的十七歲，依然天真地活在自己的單純世界，我的這位好友，李靜芳，已經在跟命運近身肉搏，體驗何謂殘酷且現實的人生！

一九七九年一月一日，美國與台灣斷絕邦交關係，為當時一觸即發的台海局勢投下變數。芳芳的父母親憂心忡忡地趕在獨子十三歲，未達法定兵役年齡之前，舉家移民美國東岸的維吉尼亞州。

出國之前，出身小康之家的芳芳，不僅是父母捧在手掌心的小公主，國小到高中也是一路接受私校教育，日子雖不至於養尊處優，倒也豐盛有餘。但出國之後就不是那麼一回事了，一踏上異鄉土地，原先充滿粉紅泡泡的「American Dream」，隨著生存現實的接踵而至，漸漸黯然失色，終至幻滅。

敲碎美國夢的第一個當頭棒喝，是嚴重的種族歧視。芳芳回憶，有次上完體育課回到休息室，她一打開櫃子，眼前宛如土石流般，「唰——」地掉出一堆髒兮兮的楓

葉，接著，不遠處就傳來此起彼落的訕笑聲。是的，大家都在等著看她這個亞洲人的笑話，看她能作何反應。

第二個當頭棒喝就是，父母親誤信一個專門協助華人做投資的台灣人，大部分的身家都被騙光。為了在美國活下來，他們舉家遷往以沙漠景觀著名的亞利桑那州，去金曼（Kingman）接手這個華人協助投資的一家中餐廳。當時會選擇餐廳，而非經營加油站的原因，說來實在但也心酸，只是因為餐廳的東西若是賣不出去還可以自己吃，全家不至於餓肚子。

那家中餐廳地處偏僻，前不著村、後不著店，蕭瑟淒涼的景象，宛如當時他們一家人的生存處境，了無生機。後來餐廳開張，生意也一如預期，好不到哪裡去。曾經有幾次，她在夜裡翻來覆去，想著自己的人生為何會遭逢如此巨變？而且，若是橫豎都得留在美國的話，接下來又該往哪裡去呢？

當人生前途未卜時，信念，就顯得格外重要了！

相信很多人都聽過「半杯水哲學」——當玻璃杯中有一半的水，悲觀的人會哀嘆只剩半杯水，樂觀的人則是慶幸還有半杯水。

我不知道此刻正在讀這篇文章的你，對於「半杯水」問題的答案是什麼？但可以肯定的，我和芳芳的反應一定都是：「哇，真好，杯子裡還有半杯水！」正因為這種深入骨子裡的樂觀態度，讓我們在各自的事業崗位上，能夠不斷突破重圍，在人見無望的荒漠中，奮力開出美麗的花。

以當年家中經營的中餐廳來說，位置偏僻是事實，但芳芳在經過一段時間的摸索之後，卻樂觀地看見自家餐廳在旅遊交通動線上的優勢，繼而將主力放在觀光客的開發上。

金曼既是洛杉磯到大峽谷的中繼站，也是鳳凰城到賭城的必經之路，尤其適合做旅行團的生意。某日，芳芳靈機一動，翻開電話簿一家一家地打給旅行社，宣傳自家餐廳擁有最棒的中國菜，並且是歐式自助餐的形式，幾經斡旋，談妥合作條件之後，客源就一車一車地載過來。

漸漸地熟客們都知道，這家中餐廳有一個不服輸，且幾乎是十項全能的女孩。芳芳真的是什麼都做，除了對外要積極開拓客源，對內舉凡畫海報、洗廁所、倒垃圾，同樣不假手於他人，到後來，她連報稅的工作也攬下來，還順利考取了一張會計師執照。

當時的芳芳，一心只想著如何把這個五口之家撐起來，讓爸媽可以安身立命，讓弟妹可以專心求學。儘管高中畢業前的美國大學入學考試ＡＣＴ（American College Testing），她的數學科幾乎滿分，得到了麻省理工學院主動提供的獎學金邀請就讀，她仍然選擇放棄，還反過來安慰母親說沒關係，家裡面需要人手幫忙，所以她決定去唸離家最近的一所學校，北亞利桑那州立大學會計系。

大學四年，當同學們的週末假日大多在遊玩享樂，芳芳這個年輕女孩，卻是認命地周旋在學校和自家餐廳之間。她還記得，為了趕上週五晚間最忙的用餐時段回家，當天的最後一堂課必須在下午兩點半結束，因為從學校開車回餐廳得花兩個半小時。

緊接著，週六清晨六點，她得連開五小時的車到洛杉磯中國城補貨，醬油、番茄醬、蠔油醬等這些醬料全都是桶裝，纖細的她照樣一桶一桶搬上車。回程不吃不喝也不稍作休息，再連開五個小時回到餐廳，以便支援傍晚的用餐尖峰時段。

對芳芳而言，上述的奔波勞累都不算什麼，真正讓她害怕的是那段路程！她描述，亞利桑那州的經典地景「仙人掌」，到了晚上車燈一照，活脫脫像是有人在向你招手，真的會嚇死人，「我到現在還有恐懼症！」芳芳心有餘悸地說。

或許就是從那時候開始，芳芳在心裡暗自下定決心，一定要趕快順利畢業，帶著家人離開這個魅影幢幢、賺錢只能糊口的地方。後來她也果真達成目標，只用三年半就修完學分，提早畢業。之後，跟先生一起搬到加州洛杉磯定居，白天當會計、晚上與週末再兼兩份工作，努力打工存錢。

大學畢業幾年後，存夠了錢，芳芳依據過往經驗，為家人再開了一家中餐廳。二十五歲的她，故作四十五歲的打扮，只為了讓自己看起來夠份量，以老闆娘態勢帶著老外員工打拚，再把弟妹接來唸書，父母自然也跟著搬過來一起經營新餐廳。

每每講到這一段，芳芳總不忘感謝生命中的另一半，多虧有先生的全力支持，早年的顛簸人生路才能走得穩。

兩人也結婚得早。二十三歲，芳芳就成了人妻，儘管常被冠上女強人的稱號，身為妻子的她總是溫柔體貼，全力配合先生的工作調動，一路從加州搬到夏威夷，之後再搬到西雅圖。

談戀愛時期，倒是先生配合芳芳比較多。曾經聽芳芳分享過，先生學業成績很好，曾經計劃跟一群好哥兒們申請進入理想中的學校，但為了芳芳，毅然選擇放棄。先生對芳芳的家人也很好，芳芳媽媽罹癌治療時，他還陪著一起吃癌症餐，接送陪伴母親化療。

結縭至今三十多年，夫妻倆最喜歡一起做的事情就是到處去旅行，平均每年會走訪四個國家，沿途中，熱愛攝影的先生會拿起單眼相機，為芳芳留下一張張美麗的倩影，令人羨煞！

人生拼圖／只要懂得串聯意義，沒有白受的苦

有時我會想，除了芳芳本身的條件就很好之外，老天爺一定也是心疼她過得辛苦，才會預備這麼好的另一半。婚後，在芳芳的努力下，正當感念生命中的一切終於漸入佳境，一通宛如利刃的電話，劃破了她費心追求到的平靜。

「認屍！這件我從來沒有做過，也壓根不想學會的事情，卻在我二十九歲那年的聖誕節過後，血淋淋地降臨。」

當時芳芳唸大二的妹妹帶著弟弟，和一群朋友到南加州的滑雪景點大熊湖（Big Bear Lake）滑雪。幾天的聖誕假期結束，返家前一晚，妹妹還開心地打電話給媽媽說：「我們明天就回來了！」媽媽自然是滿心期待。

不料在返家途中，路上翻車，妹妹被拋出車外，當場失去生命跡象，弟弟則是在醫院躺了大半年才逐漸復原。

「天啊！老天爺到底在跟我開什麼玩笑？」起初，面對那場重大死亡車禍，芳芳也一度手足無措，但她只能鼓起勇氣去面對。

「媽媽打電話給我的時候，完全沒有辦法講話。我知道，這時候反而要更加冷靜，我能夠做的就是去確認那真的是我妹妹，要我去認屍、運屍，去做所有我根本不會做的事情，做餐廳還可以，要我去報稅也可以，要我換雪鍊也可以，但是我真的不會認屍……」

芳芳還來不及享盡姊妹之情，就被迫要學習道別。那些來不及說出口的愛，以及無以交付的思念，從此只能默默擺在心底，成了一封永遠寄不出去的信。

直到時隔多年後，配合先生的工作變動，回到台灣定居。因緣際會之下進入遠傳電信工作，她才發現人生的每一段轉折都有其意義，唯有持續懷抱對生命的熱情，不放棄前進，只待時間一到，自然會明白當初的那塊碎片，應該放在人生拼圖中的哪個位置！

所以我很認同芳芳所說：「人生沒有藍圖，只有拼圖，我們要做的就是一塊一塊地把它拼起來。」

由於之前所有的工作訓練和經歷都是在美國，回台之初，芳芳也不知道自己可以找什麼工作。不過，當初為了記餐廳的帳，跑去學了會計，大學唸的也是會計，畢業後她還考了一張會計師執照，因著這一塊拼圖，她進入到名列世界四大的安永會計師事務所。

你以為芳芳只是單純地去當一名會計師？當然不是！聰明靈巧的她早就想到，可以透過在會計師事務所任職的高度，重新去認識理解台灣的產業，並且評估有哪一家集團或是哪一個工作更適合自己。

很快的，老天爺就讓她跟台灣企業接上線。當時遠東集團旗下的遠傳電信正處於籌備階段，合作夥伴是美國的 AT&T 電信公司，企業急需跨國人才加入，以便層層把關合作環節，尤其是牽涉財務的部分。

當遠東集團的高層發現，履歷表中有一位三十幾歲的女性，既有美國會計師執照，又講得一口流利的英語，專業比例簡直完美，芳芳就這樣順理成章進入遠傳電信，還一手打造起整個財務部門。身為遠東集團的廣告代理商，我就是那個時候認識芳芳的。

開台三年後，因為新的財務長主張把財務部拆掉，打散到各事業單位，芳芳才又再次面臨生涯抉擇。當時她跟老闆說，之前因為家裡經營餐廳，才會去唸會計，現在第一志願是希望投入網際網路，不知道公司願不願意提供這個機會？

結果事與願違，芳芳被指派去做業務，專門向企業客戶提出解決方案，但才做了一、兩年，情勢又馬上出現逆轉。「我怎麼樣也沒想過，當時沒去第一志願是上天最好的安排，因為一九九九年網路泡沫，網際網路部門一百多人解散，而我是後來併了這些部門的大副總。」

二〇〇四年，遠傳購併和信電信，因同業務性質的部門合併，兩位副總只能保留一位，芳芳當然成功出線，成為那個留下來的人，帶領所有業務打仗。一路來的升遷順遂，看似理所當然，實則是因為芳芳自身的努力，以及用「心」的耕耘。

像是二〇〇八年，時任遠傳電信執行副總的她，同時掌管全通路業務及客戶服務部門，仍全力協助一通心碎母親的來電，在那通電話中，客戶是這樣說的：「……我女兒已經往生了，她留下來最後的語音信箱錄音，被你們洗掉了（哽咽），我現在不知道該怎麼辦？」

原來一年前，那位來電母親的女兒車禍過世，為了平撫思念之情，母親時不時就會撥打女兒的手機，聆聽她生前錄製的語音信箱歡迎詞：「我現在不方便接你的電話，有事請留言喔！」內容僅僅只有四秒鐘，卻足以安慰她綿延無盡的思念。

在得知這件事情的當下，芳芳的心一度為之糾結，因為想起了自己媽媽的喪女之痛，還有她早逝的妹妹……。曾經陪伴母親一起走過椎心蝕骨的傷痛，讓她特別能體會那位來電母親的驚慌失措。

照理說，遠傳電信大可以公事公辦，回應那位來電母親說，系統更新之前已經事先通知過用戶，所以無法協助尋回錄音。但是罔顧他人的心碎，向來就不是芳芳的風格，總之於公於私，她都強烈感覺到這個忙，一定要幫！

但怎麼幫呢？其實也只能大海撈針，請資訊同仁在數百萬名用戶的語音信箱錄音檔中搜尋，一個月後，終於撈出女兒的語音歡迎詞，讓一度心碎的媽媽感激不已。之後，隨著這段佳話的傳開，遠傳還因此獲得當年度《遠見雜誌》神祕客調查的優良服務獎。

「當初把語音信箱資料找回來的時候，並不是為了要得獎，只有一個信念，就是做自己可以做的，然後用心做自己能力所及的事情……，更何況我知道一個媽媽最卑微、最渴求的願望就是聽到女兒的聲音，即便只有幾秒鐘。」芳芳欣慰地說，而這段真情分享，也讓我們生命講座上的幾百位聽眾，為之動容，啜泣聲此起彼落。

華麗變身／永不 Say No 的精神，將廢墟變黃金

記得二〇一〇年的某一天，我接到了芳芳的來電，電話另一頭的她，求救似地說：「余姊，怎麼辦？我被公司指派去接一個法拍到的廢墟百貨，我完全不認識任何廠商，姊，妳關係好、人脈廣，能不能幫我牽一些線？」

我立馬豪氣干雲地拍胸脯保證，說：「不怕！有姊在，姊挺妳，馬上幫妳安排幾場餐會，跟一些重要的廠商們認識。」

印象中，當時我前後幫芳芳安排了四場餐會，每次都有一大桌的廠商高層列席，其中不乏有鞋子、精品、餐飲、化妝品的重要廠商。本書中我的另兩位好友，南僑集團會長陳飛龍以及萊雅集團台灣區總裁陳敏慧（Amy Chen），也是在那時候介紹給芳芳認識的。

「余姊和我之間的友誼對我來講意義重大，那次的職涯大轉變，多虧余姊有求必應地幫助我，號召很多廠商提供很好的建議，才慢慢建立起我主動開口求助的自信！」講座上，芳芳話鋒一轉又說：「但我猜那時候介紹的廠商們，私底下可能會交代余姊：『如果芳芳巨城開不成功的話，要安慰她一下！』」

實際上，就我對芳芳做人處事的了解，打從一開始我就不認為她會失敗——只是沒料到，她會做得如此成功！

短短幾年的時間，芳芳把一個廢墟打造成日進斗金、年營業額超過百億的百貨公司，還名列全台第六大。據說，現在新竹人見面最常說的一句問候語就是：「你去過巨城了沒？」顯見巨城購物中心已經成為新竹人心目中的代表性地標，巨城的華麗變身，也先後引起了各家媒體的報導興趣。

很多記者在採訪時，總愛問芳芳成功的祕訣是什麼？她的回答向來都是：接受挑戰的勇氣！更白話一點說就是，無論面對什麼樣的工作挑戰，她從來都沒有說過No，只要老闆開口，她就會點頭接受。

芳芳回憶，當初遠東集團董事長徐旭東要她接手巨城時，其實應該沒有抱著「勢在必成、大發利市」的期望，因為這個龐大的廢墟，立地與交通條件都不利於零售經營。

芳芳若是能將巨城成功轉型，當然令人欣喜，但若是努力過後仍然沒起色，公司應該也不會苛責。當初遠東以五十九億標下，若是轉型經營不起來，打掉原有商場改去蓋房子來銷售，公司或許會更賺。

「聽起來沒有包袱，但壓力反而更大！」同樣有著不服輸的性格，我知道芳芳說這句話的含意，眾人越是不看好巨城的轉型，就越是激發她想要創造奇蹟的大志，所以她也說：「這變成我前進的力量，並且讓不放棄的精神，累積成為生命中繼續往前走的恆心跟毅力。」

我也相信，這近十年來，芳芳一定遇過很多很多的阻礙，甚至有些苦只能默默往肚子裡吞，但身為她的摯友，每次見面，我從她身上看到的卻不是沮喪、挫折或是負能量，而是一股撼動人心的堅毅。

因著那股「永不Say No」的堅毅，芳芳不僅讓廢墟變黃金，還創下了無數的奇蹟！

巨城的前身是二〇〇三年開幕的「風城購物中心」，占地規模之大，曾是東南亞最大的娛樂休閒購物中心，後來因為經營不善、大舉負債，店家紛紛退出，二〇〇七年宣布停止營業。直至二〇一〇年五月，才被遠東集團在第三次競標時，取得產權和經營權。

長達三年多的易主過程，「風城」凋零成了一座斷水斷電的廢墟，令人意外的是，這種情況之下，竟然還有電玩業者在裡面插旗為王，二十四小時營業。遠東一標下風城，對方就請人撂話，語帶威脅地告訴芳芳說：「妳知不知道新竹有『風吹沙』？」

要開購物中心，卻遭黑道放話威脅，幸好芳芳請來兩名警界大將坐鎮，馬上傳話回去說：「我們都是幫人打工的，大哥若有需要的地方，我們會幫忙，反正還在籌備期間，看看怎麼樣幫你們找新的地方。」幾經協調，風城才得以順利點交，進駐拆清。

但實際進入經營階段，又是另一個考驗的開始！

擔任遠傳電信執行副總經理時期，芳芳帶領業務與客服大軍總計三千人；從電信業轉調集團旗下的零售業，成立零售總部並接手巨城時，她只帶了三個人到規劃總部，再慢慢招兵買馬增至一百多名員工。

在她的全力授權之下，新團隊勇於落實創新思維，在八樓打造了一座「奇幻島探索樂園」，顛覆民眾對購物中心的想像，也跌破了百貨同業的眼鏡。「那時候百貨業的人都認為，這個想法不可行，因為百貨公司很講究坪效，怎麼可能挪出這麼大的空間讓小朋友溜冰、溜滑梯、打保齡球？」芳芳解釋。

然而她堅持反其道而行的背後，並非毫無根據。巨城籌備期間，芳芳曾經委託業者進行相關市調，沒想到當時得到的答案卻是：「市調很難做！」原因在於很多新竹人根本不留在新竹消費。

一如外界對新竹這個地區特性的認識，很多竹科人的家庭，要不就是週末需要到公司加班，要不就是往台北或台中消費，所以業者也沒辦法根據芳芳的需求來做市調，很奇特吧！

但積極如芳芳，終究還是鑽研出一套吸引竹科家庭的撇步。芳芳分析，新竹市是一個很特別的地方，生育率全國最高，請育嬰假的人也特別多。在這樣的人口特性之下，她看到的市場缺口是，爸爸媽媽很需要在週間的白天，有一個可以帶著孩子出來逛一逛或是盡情玩樂的舒適空間。

「奇幻島探索樂園」的誕生，就是為了因應這樣的市場缺口。而在此之前，芳芳早就不斷舉辦適合家庭參與的活動來強力集客，她回憶，巨城開幕不到幾個月，就有孕婦在賣場內羊水破掉，成為第一個巨城寶寶。

接下巨城這個艱困的變身任務後，芳芳也很慶幸，這一路有非常多的貴人提攜，她才能讓巨城在短短十八個月隆重開幕，二〇一五年起的營業額，榮登台灣百貨、購物中心的前八大；二〇一七的上半年，民眾在臉書打卡次數高達兩百五十萬次，僅次於桃園國際機場。

眾多的貴人名單當中，又以時任統一超商營運長的謝健南（現為全聯福利中心的執行長），以及時任夢時代購物中心總經理的張國光，最值得一書。

芳芳回憶，當她向「謝老大」求救說自己不懂零售時，謝老大雖然先是板起面孔，將她臭罵一頓，說：「妳是沒事找事做啊？難道不會說No嗎？」但下一個動作就是默默拿起電話撥給張總，態度放軟地託付說：「我有一個小妹誤闖叢林，你來教她幾步，她會南下看是需要待一天還是兩天，麻煩你教一教！」

領著謝老大給的人情通行證，隔日一早，芳芳就搭著清晨六點十五分的第一班高鐵，直奔高雄夢時代。沿途的心情，猶如小僧侶準備奔赴少林寺習武一般，恭敬忐忑。

張總這位百貨業的武林高手也非浪得虛名，而且誠意滿分。打從上午九點半，購物中心的賣場都還沒開，張總就帶著芳芳裡裡外外、上上下下，把整個賣場的動線都走一遍，過程中搭配專業解說，傳授很多「撇步」。這些一步一腳印的請益過程，也為巨城日後的華麗變身，埋下伏筆！

堅持善良／把轉捩點當成學習，活出生命的亮點

我很喜歡美國詩人佛羅斯特（Robert Frost）在〈未行之路〉（The Road Not

Taken）中的詩句：「樹林中分叉出兩條小路／我選擇一條人跡稀少的行走／結果一切截然不同。」這是我在公開演講時，很常用來形容自己、也勉勵現場聽眾們的一句話，同樣地，在芳芳的身上，我也看到這種精神的體現。

在我更加了解芳芳之後，我還發現，她的成功並非僅僅是因為夠努力，以及願意挑戰困難，還有一個很重要的致勝品格——「良善」。

「我的座右銘就是良善，」芳芳在講座上分享說：「我常常告訴自己要秉持良善，因為聰明是上天給的天賦，可是要保有良善，真的需要靠自己去選擇，並且努力堅持，畢竟人生的道路不會一路順遂。」

芳芳所謂的「良善」，並非逆來順受，或是打不還手、罵不還口，更不是愚蠢或是願意吃悶虧，而是即使在職場上面臨爾虞我詐，甚至有人故意在背後捅刀，也能以一種圓融成熟的態度去應對，懂得放過自己也放過對方，無須咄咄逼人、不留生路。

「若是一個人經常散發出知書達禮、溫暖厚道的氣場，自然容易吸引到同樣擁有良善正能量的人，哪天遭遇困難或挑戰，對方也會樂於成為貴人，拉你一把！」聽芳芳這麼一說，我便明白何以她的身旁總是有那麼多的貴人。

從消費者的角度來說，也因著芳芳的良善信念和正直領導，讓巨城變成一家很有溫度的購物中心，諸多的空間設施都體貼入心。

比方說，芳芳發現新竹的學校特別多，年輕人下課沒地方去，又需要有適合的地方「練舞功」，如同很多老人家也會在大清早「練武功」，於是她開始在巨城大量安裝不鏽鋼板，發揮如鏡子般的映照功能，吸引大家紛紛前來練功。

「用心、用心、再用心，只有用心把一件事情做好，才會找到在細節裡的魔鬼，」芳芳總結說：「當初決定很勇敢地接受巨城挑戰之後，我就告訴自己要很用心地去學習什麼叫做零售，很用心地去經營裡面的人事物，才會連要安裝不鏽鋼板讓年輕人練舞的細節都想得到。」

二〇一六年，芳芳帶領巨城團隊爭取到「二〇一八亞洲盃阿卡貝拉大賽 Vocal Asia」的主辦權，賽事規模堪稱有史以來最盛大，並於二〇一九年，以「二〇一八新竹 A cappella 國際藝術節」傳承在地母語文化及歌謠有功，榮獲亞洲社會企業責任獎的「社會公益發展獎」。

「面對民眾的喜愛與支持，巨城能夠回饋的就是我們有很多的空間和人潮，對於需要掌聲與目光的人，不管是街頭藝人或是學校的成果發表，我都希望巨城可以作為一個讓他們發光發熱的平台。」芳芳感性訴說。

芳芳之所以特別重視這部分，多少也因為她曾經組團玩音樂。在生命講座上，她首度透露當初會玩樂團當鼓手的原因，跟二〇〇九年六月罹癌過世的弟弟有關。

十多年前，芳芳的弟弟被診斷罹患膽腺癌，接受化療期間，末梢神經失去知覺。在這種最有悲觀權利的時刻，弟弟卻一如芳芳，樂觀地說：「太棒了！終於有勇氣去練電吉他，因為手指不會痛了！」

為了幫弟弟圓夢，激勵他對抗癌症病魔，芳芳報名了YAMAHA音樂教室，姊弟倆一起學音樂。「可是弟弟這麼脆弱的身體，不可能揹電吉他，所以我就幫忙揹去教室，自己也帶著兩支鼓棒，一起到音樂教室，他上他的課、我上我的課。」芳芳回憶當初。

YAMAHA的同仁得知他們姊弟的故事後，很是感動，主動幫他們辦了一場社區音樂會。為此，芳芳還跟弟弟及當時的同事們，組成一個BOBO樂團，意思就是Best歐（O）吉桑與Best歐（O）巴桑，芳芳也大方坦承，整個團裡面年紀最大的就是她自己。

這是一個奇妙的轉捩點。原本只是姊弟兩人共有的音樂時光，因緣際會下 BOBO 樂團開始前往桃園少輔院等機構做公益演出，過程中發生很多動人的故事，但最讓芳芳深覺感恩的是，原本被告知只剩下四個月生命的弟弟，竟然奇蹟似地活了四年，那段共同演出的日子，也成了姊弟送給彼此最珍貴的禮物。

提到這段往事，芳芳向我吐露，就在她弟弟過世前一星期，她曾問弟弟是否該把妹妹帶回台灣？弟弟說：「姊，好愛妳喔，如果妳可以，那會是很棒的事！」於是，芳芳事先幫弟弟妹妹一起挑好了相比鄰的塔位，就在弟弟過世後半年，她鼓起勇氣，在先生的陪同下，回到了南加州玫瑰崗（Rosehill），辦理好相關手續，移送妹妹的骨灰罈回台灣！一路上，芳芳遵循媽媽告訴她的，不斷呼喚妹妹的名字，叫她跟好姊姊、姊夫的腳步，「我們要回家了……」

那趟旅程出奇順利，玫瑰崗、機場安檢、航空公司到大溪禪寺一路上都很幫忙，彷彿一切早已祥和地安排好。芳芳的感悟讓我印象深刻，她說：「那時，我明白，這個勇敢的運送，不只完成弟弟的遺願，也是一家人情感的連結，繼續另一種團圓的開始。」

我可以想像，那些時日對芳芳來說，意義重大。妹妹走得太突然，讓她來不及告別，弟弟的預期性退場，讓她有機會以音樂陪伴摯親最後一程。所謂的人生，不就希望能夠無憾？在生死離別之前，好好相伴；不得不告別的時候，好好Say Goodbye，而摯愛家人的心將超越時空永遠緊密相繫。

芳芳的心理韌性很強，悲傷過後，總能重新打起精神，認真面對生活，展現一如既往的熱忱；也因為她很知道如何擁抱生命中的每一個發生，那些他人看來的慘澹轉捩點，最終都能被她活成亮點！

因此面對不同場合的聽眾，芳芳都會提到一點：「如果你很認真、很老實、很善良地，把每一個轉捩點當作是你的起點，我誠心誠意地告訴你，亮點離你不遠了！」

回顧過往，無論職場經驗再豐富，一旦投入新的產業領域，芳芳也很能自我歸零，繼而後來居上，創造領先優勢。「我一直告訴自己，沒有傘的孩子跑得更快，因為不像其他人有傘或背包，在沒有包袱的情況下，只能在雨中不斷拚命地跑，自然跑第一！」這種懂得歸零的轉涯之道，同樣適用在人生。人生道路有太多太多的意想不到，面對挫敗時，先把自己歸零，謙卑蹲下學習，如此才有機會彈得更高。

在此也援引芳芳常用美國作家梅爾策（Brad Meltzer）的一句話來激勵自己：「Everyone you meet is fighting a battle you know nothing about. Be kind. Always.」永遠善待每一個遇到的人，他們都在打一場你一無所知的戰役。

面對他人，試著跟芳芳一樣，永遠選擇良善，溫柔以待生命中遇到的每一個人；面對自己，也鼓勵你像芳芳一樣秉持勇氣，務實地把每一個困難與挫折化作成長的養分。相信慢慢地，你也能將自己生命中的每一個艱苦片段，組成一幅寓意深遠的人生拼圖。

曾是父母眼中的那個小公主，宛如真人版電影《阿拉丁》中的茉莉公主，早已無需王子的拯救，能一肩扛起責任及期待；對於內心的渴望——「我何時能夠成為國王？」靠著自身的才華與力量，她成為了一個嶄新世界的蘇丹。

學習

南僑集團會長

陳飛龍

面對困難不要怕，
也不要只是埋怨環境不給你機會，
而是要保持耐性，
不斷透過學習慢慢堆疊和前進，
一旦學會如何克服困難，
累積硬實力，
機會自然會出現在你的眼前。

原先只想找一份朝九晚五的工作，
但隨著台灣消費市場從賣方變成買方，
家族希望年輕人接棒，
陳飛龍臨危受命，步上了企業經營之路，
打造出伴隨國人超過半世紀的南僑水晶肥皂。

也因著父親買下近兩萬坪的土地，
他帶領企業進入油脂事業，
杜老爺冰淇淋等品牌得以相繼問世，
豐富了你我的成長歲月……

我的朋友很多，其中最重要的一位「忘年之交」，就屬南僑集團會長陳飛龍，但即使相差二十二歲，我卻沒感到隔閡，總覺得我們是同一個世代的人。

過去每當我遇到人生難解的習題，尤其是職場上的重大里程，例如創業、被併購或併購別人等等，我都會先向陳會長請益，與君一席話每每讓我思慮更加清明且周全；在我做出決策後，我也一定報告陳會長，讓他知道事情的最新發展。

最近一次見面，陳會長也提到，當他了解到我的成長背景之後，發現原來我們兩人有一點相似的血液——我是一個從後山北上打拚的異鄉遊子，他們的家族則是從福建到台灣來打天下。

陳會長認為，在我們拚搏精神的背後有兩個相似點，第一同樣是為了現實的生活需要，第二也是為了個人的理想實現，因而使得像我們這樣背景出身的人，跟在台北土生土長的很不一樣。

再加上，他早年加入家族企業南僑集團時，南僑已經是一個相對成熟的經營環境，我的職涯起點恰巧也是在一家運作成熟的美商廣告公司……，諸多因素影響，自然覺得我們的頻率契合。

但若將時間拉回到我二十歲，從總機小妹職務轉調媒體部，第一次接到要對南僑集團提案的任務，初出茅廬的我嚴陣以待，因為在那些廣告業務前輩們眼中，南僑可是出了名的「難喬」。

當時，每次業務部同仁要跟陳會長開會之前，各個都很緊張，因為陳會長思考的層面非常深、角度非常廣，要聽懂他的話已經不容易，加上他的思路又快，只要前面的話一沒聽懂，後面就跟不上了。

轉調之初，我也不過是大二夜間部的學生，根本不可能有機會接觸到陳會長。當時的提案窗口是會長旗下的一位大將，名叫林山，但同樣也不好搞定，因為南僑本身就是一家對廣告很有想法和要求很高的公司。

那時候主管看我在排南僑的 CUE 表（廣告媒體排期表），可能是怕我得失心太重，萬一被打槍失去自信心，於是先對我心理建設，說：「哎呀，妳不用太緊張，也不用太害怕，得失心不要那麼重，因為這個客戶一定會給妳修改個幾次，才會讓妳過關的。」

殊不知這番話反倒激發了我的好勝心，原先的不安馬上被一種「初生之犢不畏虎」的態勢所壓制。我在心裡暗暗給自己立下一個目標——首次出征必要旗開得勝！至於是怎麼樣的一個得勝法呢？嘿嘿，我想到了一招！

學習致勝／平日累積讀書功力，一舉讓南僑買單

無論是常言道：「養兵千日，用在一時。」還是所謂的「台上十分鐘，台下十年功。」皆在強調機會是留給準備好的人。道理很老掉牙對不對？問題是，不是人人都能力行實踐。

剛調到媒體部門時，主管第一句話就是跟我說：「余湘，我們這個媒體部門是需要與人社交的，所以妳在電視台辦完事情之後，繼續留在那裡，一看到不認識的人就主動上前遞名片給對方。」由於那個年代時興「酒廊應酬文化」，我一個年紀輕輕的小女生哪應付得來，根本不敢照主管的話去做。

工作結束後，不敢直接回公司，免得被主管唸，加上自己也想在短時間內上手，於是我跑去窩在台視大樓旁的「航海家咖啡館」，看了很多有關媒體的書，也因此學到不少規劃 CUE 表的技巧。

正因為平常透過看書累積功力，赴南僑提案的當天，我馬上學以致用，一口氣做了四張 CUE 表（一般只會做一張），並且逐一分析四張 CUE 表的優缺點，讓南僑這

邊評估哪一張比較符合公司需求。

第一張 CUE 表的花費成本（Cost）最低；第二張是觸及（Reach）到的人最廣；第三張是接觸的頻率最高（Frequency）；第四是我整合上述條件之後，做出最符合客戶需求，以及綜效最高的一張。

聽過我的說明之後，客戶決定採納第四張。在回公司的路上，我感到既興奮又有些不真實，沒想到我竟然可以一次就搞定這個「難喬」客戶，YES!

那次的立功，不僅全公司上下對我刮目相看，也正式揭開了我與南僑的合作緣分，與陳會長的互動日漸增多。後來我才理解，南僑集團在廣告界會被開玩笑戲稱是「難喬」，就是因為陳會長比當時大多數的廣告人，更清楚自家的公司品牌和產品訴求是什麼。再加上，當時的民間消費市場剛起步，廣告又是協助廠商與消費者對話的一座重要橋梁，所以陳會長會對廣告的要求更為嚴苛一些。

「公司最要掌握的就是品牌……，當時我的志趣主要還是在做肥皂，但因為要溝通，而廣告界的年輕人大多沒有在產業界做過，不像現在有前輩指導，所以那時連對話都有困難，他們聽不懂，我們只好自己來。」陳會長如是說。

所謂的「自己來」，就是當時南僑一度跨足廣告業和媒體採購業，分別成立了南聲傳播和南星廣告公司。就連一九七〇年代，由張小燕主持的華視節目《綜藝一〇〇》，以及由藝人金滔、張俐敏攜手主演的中視戲劇節目《家有嬌妻》，也是由陳會長一手推動並掀起一股熱潮。

為什麼後來這兩家公司又陸續結束經營呢？陳會長當著我的面，總愛開玩笑地說：「因為出現了余湘的關係。」他覺得既然廣告的部分已經有人做得比他厲害，也設想得比他周到，而且滿腔熱忱、值得信賴，他就可以放心交託，然後專注在自己更擅長的本行。

事實上，南僑集團的廣告，這三十幾年來確實都是我在處理，所以我一直很感念陳會長，以及南僑集團營運長周明芬。他們兩位是我在廣告事業路途上的貴人，陳會長奉為圭臬的廣告心法，我也都銘記在心。

「針對廣告內容，我只有一個原則，就是我要跟消費者溝通的，一定是他們心裡有的東西，他們心裡如果沒有的話，我去溝通就很辛苦了。」陳會長的意思是說，廣告中的產品訴求，必須直接打中消費者內心渴望被滿足的需求，如此一來跟消費者溝通就很容易了。

廣告的呈現本身，陳會長最重視的是，當分鏡腳本（storyboard）出來，必須是為該項產品量身訂做的，這才是好的腳本。有很多分鏡腳本很美、很漂亮，但是放在任何產品上都合適，那對陳會長來說就等於沒有廣告效力。光是堅持這一點，就足以讓很多廣告公司的提案被他退件。

斜槓典範／集團不斷開疆闢土，積極打造學習型組織

喜歡吃冰的讀者朋友，想必對於曠世奇派不久前推出的一支「斜槓人生」廣告印象深刻。故事中兩位二十五、六歲主人翁，一個男生一個女生，工作型態都廣泛多元，也很能利用時間放鬆、從事公益，活出生命的豐富精彩。

長達兩分鐘的版本一放到網路上，短短三週就吸引了近二十萬人次的觀賞。而大家絕對想像不到的是，這支運用「斜槓人生」概念主打年輕世代的廣告，背後的創意來源，可是年逾八旬的陳會長喔！

正如廣告訴求所言——「斜槓人生」指的並不是有「很多個我」，而是有很多東西在我裡面——回望陳會長的人生發展，一路走來其實超級斜槓，稱他是當今世代的斜槓典範，一點都不為過。

只要上網 Google 一下南僑集團，透過各大媒體長年來的報導便可知道，成立於一九五二年的南僑是以製造肥皂起家，直到一九七一年進入烘焙油脂產業，就開始跨足食品領域，成為專精專業的油脂供應商，並於一九八一年成立南新食品公司，推出了「歐斯麥」餅乾等許多家喻戶曉的食品。

在食品業站穩腳步之後，一九八八年又成立了皇家可口公司，最為人所熟知的就是「杜老爺」系列冰品。之後於一九九六年西進上海，在汾陽路斥資兩億打造寶萊納啤酒花園餐廳，為南僑正式進入餐飲業打響了第一炮。

若是再加上稍早提及的，陳會長開過廣告傳播公司，也製作過綜藝節目和戲劇，集這麼多專業於一身，稱他為「斜槓鼻祖」只是剛好而已，顯見十分熱愛學習的他，一直走在時代的尖端。

陳會長熱愛學習到什麼程度？周營運長舉了一個例子。她說，週一到週五早上八點半，她都會收到祕書室傳來的許多資訊，內容是陳會長當天不知道幾點鐘起來閱讀和眉批的文章，並註明了資訊本身與集團經營之間的關係，引發主管們思考，也讓他們可學以致用。

她還記得，多年前第一次跟陳會長開會，被問到第二個問題時自己就答不出來了。會長見狀，便機會教育告訴她：「妳的腦袋裡要裝很多的房間，平常要練習在腦袋裡多開幾個房間，隨時我問妳什麼事情，就知道要去哪個房間找資料。」

周營運長聽了，宛如當頭棒喝，因為一般老闆都是用抽屜來形容腦內運作，陳會長卻是用房間，「那時候我就知道自己的大腦必須是一座高樓大廈。」這樣的形容讓我笑翻了，陳會長也在一旁聽得有滋有味，甚至認同之餘還不忘幽默補上一句：「而且這個高樓大廈還會隨時加蓋違章建築！」藉此強調學無止境，就算本身已經是一座高樓大廈了，還是需要不斷地擴展。

當初，原任公司人力資源處處長的周營運長，之所以能夠出線，成為集團旗下的第一位女性大將，除了本身的優異表現之外，她的「學習背景」也是雀屏中選的主因。

陳會長回憶，早年集團開始積極將觸角往外伸時，為了激勵同仁們學習很多新東西，公司需要一個擅長口語傳播又能以身作則的人來帶領，「所以我就去翻閱人事資歷，看什麼人是師範學校畢業的，這裡出來的學生具備學習的基本素養，又有消化的能力，並且能夠講出來。」

運用科學化的方法找人才，陳會長從一堆人事資料當中，發現了周營運長這塊璞玉。她畢業自師大國文系，留美攻讀教育科技碩士學位，不只具備陳會長要求的上述訓練背景，真正做起事來積極用心，而且很願意去做，一步步被拔擢到當今的高度，擔任集團要職。

我還發現很特別的一點，陳會長不僅看重公司高階人才的學習背景，更在意他們有沒有「在職進修」的持續學習熱忱。

陳會長也提到，他的另一位左右手，擁有工業工程的專業背景，進公司三十五年了，目前在台大讀EMBA。而放眼公司其他產品的相關負責人，幾乎都不是本行出身，但都願意不斷在職學習、擴充自己，因此能夠承接集團各事業單位的重責大任。

當今，很多人埋怨在校學的東西到職場上不被接受，陳會長覺得這是一個錯誤的觀念，因為每個時代都有其機會點和阻礙點。「我們今天到這個年紀還能夠有一席之地，正是因為克服了很多困難，不斷激勵自己前進。」

他想鼓勵年輕世代，面對困難不要怕，也不要只是埋怨環境不給機會，而是要保持耐性，不斷透過學習慢慢堆疊和前進，一旦學會如何克服困難，累積硬實力，機會自然會出現在你的眼前。

謹記父訓／繼承家族衣缽，努力讓一塊肥皂活下去

對陳會長的發跡故事再多知道一點就會發現，年輕時候的他，本身就是一個不畏懼困難，甚至還會主動迎向挑戰的人！

大學畢業，陳會長應家族的大命，回到南僑企業做事。身為企業二代，本可以直搗核心進入管理階層，一步一步等接班，他卻選擇家族內最困難也是最危險的煤礦事業。

為了駐守自家位於金山萬里的萬隆礦坑，陳會長在礦坑附近搭建了一個鐵皮屋，幾乎每天都跟礦坑工人一起深入礦坑，生死與共。直至一九六二年，礦坑事業結束，

陳會長才臨危受命進入南僑企業內部工作。

促使陳會長不斷克服困難往前行的動力，亦其來有自。如果說，每個人的心中都有一個密室，專門珍藏此生最真摯深厚的情感，那麼我猜在陳會長的密室裡，保存的肯定是關於父親的教導跟訓誨。

陳會長曾經向我描述，有一個畫面他至今仍記憶猶新，而且連時間都記得一清二楚。一九七〇年有一天下午五點多，年約三十歲的陳會長正在辦公室忙，見父親一臉笑開懷地走進來，便問：「什麼事情這麼高興？」接著他得知父親剛剛到桃園去買了一塊地，占地將近兩萬坪，相當於今天四分之一個大安森林公園。

「兩萬坪！」陳會長一聽到父親打算用這麼大一片土地來做油脂生意時，起初甚感不解，因為生產油脂需要黃豆，而在當時的年代，取得黃豆要有政府核發的額度，問題是陳會長家族沒有本地勢力，也非國民黨的樁腳，這生意怎麼玩呢？

這時，父親故作神祕地告訴陳會長說：「你放心！我們要做一門新的事業。」但具體要做什麼呢？一開始父親也沒有明說。由於父親有個熟識的日本朋友願意協助，陳會長就在父親的安排之下，飛往日本兩、三個星期，向排名三大油脂公司之一的某廠商請益。

返台之後，陳會長告訴父親：「我們有兩條路可選，第一條路能夠就地發財，現在的技術跟設備非常好，我們只要把餿水油拿來加工一下，就可以做出合格的食用油，不僅可以賺很多錢，而且賺錢的速度很快！」

「第二條路就比較辛苦，只能慢慢地做。」陳會長接著分析說：「我們的油脂生意要隨著國民所得和休閒產業來發展，跟著市場的需求走，甚至要走在前面去創造市場，至於具體要做什麼，還需要共同開發和努力。這不僅辛苦，而且不賺錢。以上這兩條路，看要選哪一條？」

不作多想，父親馬上告訴陳會長：「當然只有辛苦的那條路可選！我們是被家族派到台灣來以實業報國的，怎麼可以做危害民眾健康的事情呢？」這話讓我想起了，陳會長曾經為文分享過，父親無論是透過身教抑或是言教，在在都向他傳達出「永續經營」與「以人為本」這兩大重要理念。

往後南僑長遠核心價值就是幫助休閒食品業成長和發展，以後經營環境無論怎麼變化都不能忘記初衷。「進入烘焙原料業要與客戶共存共榮，彼此是生命共同體，大家要一齊求生存、求發展，哪能做只想昧著良心賺黑心錢的事？」

當陳會長的故事說到這裡時，我心裡突然明白了。啊！這三十多年來，我從陳會長身上看到的殷實商人模樣，原來是傳承自父親的從商風範。無怪乎，在台灣百大企業壽命平均只有三十年的險惡環境之下，經營超過一甲子的南僑化工，不但能持續不斷地另立商號，創新發展新的事業，且能資源整合發揮綜效成集團的規模。

因此每回見到陳會長，我都會忍不住豎起大拇指，大讚他說：「會長，我真的是打從心底佩服你，可以做到讓一家企業活這麼久……。」同樣身為經營者，我知道這是一件相當不容易的事。

我好奇問他是如何辦到的？才知道陳會長「斜槓」的背後，除了本身就喜歡學習和求新求變，其實也是為了讓水晶肥皂這塊招牌可以永續經營。我記得，就在「余湘的一〇〇個朋友」講座上，有人問陳會長何以如此熱衷跨界，怎麼能夠這樣多角化經營，他的回答是：「因為我怕活不下去，我要努力求生存！」

陳會長進一步補充道：「我很得意南僑出的這塊水晶肥皂，從一九六三年開始，至今超過大半世紀了，這麼一個老產品從那時候到現在沒有改過配方，還有那麼多人會喜歡，而且用途比當初設計的更廣。但這一路來，我為了維護這塊心愛的肥皂，就要做很多事情讓公司活下去，這塊肥皂才活得下去。」

一塊肥皂怎麼有辦法做五十多年？這是多麼高難度且沒有把握的事情啊！五十多年要經歷多少環境變化，要突破多少困難，才得以堅持到如今。

追本溯源，原來早在陳會長投入肥皂生產之初，儘管一竅不通，但是他做足了基本功。他曾跑去向許多洗衣服的歐巴桑請益，得知她們在挑選肥皂時，最在意的就是要洗淨力強、好沖洗，洗完衣服之後雙手還是「幼咪咪」的，並且希望一塊肥皂洗到變薄也不會裂掉，節省的她們才能貼到新的肥皂上。

對此，陳會長特別要求產品團隊，將水晶肥皂研發成輕輕洗，泡沫就會很多，而且不用太多水，就能清洗乾淨，除此之外還不容易龜裂，推出後，果真廣受婆婆媽媽們喜愛。更令人感動的是，無論原料成本高低，陳會長都堅持品質絕對不能打折扣，數十年如一日，也難怪水晶肥皂如此經得起消費者考驗，用途還越來越廣泛。

就這樣靠著口碑相傳，產品設計與時俱進，水晶肥皂陪伴著全台灣人超過了半世紀。長年負責此一產品線的周營運長也觀察到，很多人的家裡都會有水晶肥皂，差別只是放的地方不一樣，也就是用途不同而已。

除了清潔用品之外，冰品也讓南僑在消費者心目中占有一席之地。大家最熟悉的品牌，像是台灣市占率最高的杜老爺冰淇淋，以及主打多層次創意口味的曠世奇派，就連國際知名巧克力品牌GODIVA，也指名找南僑合作推出巧克力雪糕，上市沒多久就熱銷一空。

陳會長透露，早年有很多國際大廠想加入台灣冰淇淋市場，最後都鎩羽而歸。反觀南僑集團雖然以肥皂、烘焙油脂的事業起家，卻把冰淇淋事業做得有聲有色，讓國際食品大廠都敬畏三分，有些還主動以合作代替競爭。

「主要是因為冰淇淋屬於『在地』生意，而且冰淇淋在台灣算是一種衝動購買，」陳會長進一步解釋說：「台灣的氣候對冰淇淋銷售很不利，冬天時大家穿毛衣，進到屋裡也沒有暖氣，無法從吃冰淇淋得到愉悅。夏天時又很熱，只吃冰淇淋不夠，還要喝水，所以對冰淇淋的消費也不是那麼理想。」

既名之為「衝動購買」，就要隨時掌握買的對象是誰？他們腦袋裡想的是什麼？以及商品能創造什麼來滿足消費者？這些問題都不是遠在美國和英國的外商企業可以想像的。

再加上，外商企業的專業經理人只看銷售數字，而南僑集團看數字的角度，是把它視為做事的結果，而非目標。基本態度的迥異，便決定了後續的經營決策——南僑集團選擇深耕，外商企業則是撤資閃人。

活出使命／為延續南僑老品牌，大手筆研發改良製程

如同南僑的主力冰品之一「曠世奇派」，主打多層次的口感及最頂級的內涵。就我個人對陳會長的認識，他力求以多層次的品牌策略深耕台灣，除了永續經營的考量，蘊藏其內的「頂級內涵」，其實是一份對人、對土地的深厚使命感。

陳會長坦言，求學階段，自己是個愛玩不愛唸書的學生，平常也喜歡到處品嚐小吃，物質慾望不高，自許畢業之後只要有個朝九晚五的工作就好。但因著對父親的承諾，答應要透過油脂事業提升台灣的民生水平，人生自此峰迴路轉，從平靜的小徑，急轉進了一條高低起伏的大道。

「當初我是不得已答應要做這個事情，既然答應要做，就要想一想自己的責任在哪裡？答應公司要永續經營，就要決定一些可做跟可不做，有些該做、有些不該做，雖然有些事情盡力做了，但是對公司沒有幫助，那就寧可不做，所以我們公司很保守。」陳會長說。

基於這樣的「保守」，南僑集團多角化經營的背後，大多是依循著陳會長制定的「四大相關」——原料相關、通路相關、技術相關、文化相關。

當然啦！偶爾我也會吐槽陳會長說，他的事業擴及了烘焙油、麵類、米飯、餐飲類、洗劑類、冰品類……，實在看不出來他哪裡「很保守」，但我大致可以理解他想傳達的意思，除了上述這些領域，他原本可以涉及的事業類型還有更多更多，如通路業、金融業等等……，因為永續經營的思考，讓他必須有所取捨，專注在擅長的事情上。

談到接班的壓力，絕非一般人可以想像，陳會長用來紓解壓力、重拾初心的方式之一，就是每個月走訪重慶北路、延平北路、迪化街一帶的傳統小吃店，其中有幾家老店因為已經吃了幾十年，陳會長對於他們的接班過程也如數家珍。

他可以很清楚地告訴我說，位於延平北路的大橋頭魯肉飯，已經是第四代媳婦在經營，現在帶著女兒準備進入第五代；另外，有一家賣鮮肉湯圓的老店，做到獲得米其林的推薦，店裡還可以看到陳會長造訪的照片。

「我大概都能交到這樣子的朋友，所以說我會吃其實是去交朋友的，」陳會長接著說：「那些攤子或店家都是第二代、第三代接班，我去了，他們會告訴我自己如何接班，如何改變製程加入一些新的元素，每當他們感到很辛苦的時候，看到我就如同找到一個出口。」而所謂的「找到一個出口」，其實就是在心裡得到安慰。

我在想，不管是路邊攤或街邊店的第二代、第三代，他們投入畢生精力去守護上一代心血的方式，對陳會長來說，又何嘗不是一種深刻的情感共鳴？更有趣的是，這些店家透過不斷改善製程來延續老店生命力的方式，也正是陳會長一直在做的事。

一般來說，中文所謂的研發，英文其實又細分為「Product Development」和「Research」，台灣中小企業在做的研發，大多是指前者，僅止於產品發展的層次；但南僑在做的卻是後者，也就是真正的產品研究，所以有些研究計劃短至兩三年，長至五年，預算動輒幾千萬，這對一家本土企業來說是很不容易的一件事，需要堅持信念並投入巨大的人力及財力。

這樣的大手筆投資，有時只是為了改良一個製程，讓食品在無其他添加物的情況下，也能保持原來的好口感，而且吃得更健康。「最近我們在行業裡面要推動兩個目標，一個是把自己的產品做得更好，另一個是要讓客戶的產品有質變，質變之後才會產生量變。」因為這份使命感，陳會長不會只求自己好就好，而是追求公司、客戶以及消費者的三贏。

周營運長跟在陳會長麾下工作長達三十年，她也觀察到，陳會長做很多事業都會兼具個人情懷與使命感。像是他無論進入到哪個產業，從來不做殺價競爭的事，而是帶頭創造出產業的新價值，開拓新的疆界，並讓價格也因而提升。

換言之，陳會長希望自家產品跟整個社會文明的演進能相呼應，而且是走在消費者前面半步，讓大家可以一起進步。這樣多年來南僑投入的各產業，對整個社會的進步、生活品質的提升而言，便是一股向上推升的力量。

美食行家／進軍海外灘頭堡，用餐飲發揚中華文化

二〇〇五年，陳會長創立了主打江浙名菜的中餐廳「點水樓」，便是一個將個人情感與使命感結合的具體展現。

個人情感的部分，陳會長在江浙菜裡珍藏的舌尖記憶，可回溯至他出生成長於上海的那段家族時光；使命感的部分，他想藉由推動中國八大菜系之一的江浙菜，發揚中華美食文化，所以不僅在台灣積極拓點，點水樓也於近年進軍到日本市場。

身為外界眼中的美食行家，點水樓菜單裡的上百道菜色，也是陳會長不厭其煩一道一道親自試出來的，不誇張！連小菜都是。

就在不久前，陳會長才自掏腰包買了兩塊和牛，請周營運長找來點水樓的師傅和採購。席間，他先詢問師傅的意見，說：「師傅，你看看這個和牛怎麼樣？你覺得應該要怎麼料理？」

待師傅完成和牛料理，陳會長試菜之後，才委婉提醒師傅這道料理還可以怎麼做，同時教採購如何挑選好的和牛。接著，再擇期根據陳會長建議的方式試做一次，

試菜通過後才拍板定案。

點水樓的中餐師傅們，各個經驗老道，非等閒之輩，何以會對陳會長的料理建議感到服氣？原因就在於，陳會長不僅事業眼光精準，味蕾靈敏度之高，也是一絕。

周營運長說：「陳會長的先祖來自南方，祖父、祖母輩有來自印尼、菲律賓，加上他自己是在人文薈萃的上海長大，從小就已經吸納五湖四海的美食，味蕾開發得非常早，涵蓋的區域很廣，層次也很寬闊。」

更令我佩服的是，點水樓做了一件其他餐廳都不會做的事情，就是回絕米其林密探的評鑑。

我也針對這件事情問過陳會長，他的解釋是，因為米其林標榜的是某一道菜的料理，可是點水樓標榜的是餐廳的整體水平，而非其中某一道菜。再加上，「我們做的是中餐，講究的是飲食文化的底蘊，米其林是法國人制定的遊戲規則，憑什麼來評我們的中餐呢？」

不得不說，有時我還真的蠻欣賞陳會長這麼有魄力，只要是自己看準、看對的事就無所畏懼，經營餐廳如此，拓展事業版圖也是。

像是早在三十年前，台商一窩蜂只想西進中國大陸的年代，陳會長卻眼光獨到轉往泰國布局，利用泰國米的獨特風味，開發出一系列的米果產品，並且生產標榜慢食的方便麵，如今已占有一定的市場地位；二〇一四年大舉揮軍前進日本東京一級戰區，成立了「南僑日本株式會社」，專營餐飲和食品相關業務，也頗受日本消費者青睞。

曾經有機緣為陳會長代禱，當時我清楚看到一個畫面：有戶住家，沿著一條長長的木棧道走出去就是一片汪洋大海，那裡停著一葉扁舟。我看到陳會長站在扁舟旁，正在想著要不要出海時，我聽到一個聲音說：「孩子，我與你同在，你就放大膽出海去！」因為出海之後將會發現，水深的地方有更多的魚，斬獲會更多。

原先我還很猶豫是否要將上述畫面告訴陳會長，後來還是大膽說出來，因為這是神要給陳會長的異象，我是一個「傳訊者」（messenger），自然有責任送達。陳會長聽到我這番轉述，心裡也很是感動，深知自己的肩頭上，仍舊背負著開拓和傳承的重大使命，一如當年對父親的承諾。

我曾多次邀約產業歷練豐富的陳會長，為我的學生上課，只要時間許可，他都會欣然同意。像是台灣師範大學第三屆「國際時尚高階管理碩士在職專班」，我邀請他教授一堂「合作與領導統御」的課，那天他上得好開心，事後還問我說：「余董，我下次可以再來嗎？」

課堂上，陳會長傾囊相授，講得很盡興，研究生更是聽得過癮！有一位學生在接受《經濟日報》記者採訪時表示，班上同學不只對陳會長的企業經營能力深感佩服，他的幽默風趣和親切謙和，同樣令人印象深刻。

陳會長提點同學們要懂得「創造貴人，並且讓貴人來幫你！」讓學生覺得很受用。實際上，這個觀點也與我的處事態度不謀而合，我一直認為，一個人只要身上散發出馨香之氣，自然就會吸引貴人前來，如同有句話說：「花若盛開，蝴蝶自來；人若精彩，天自安排」。

縱然已屆高齡八十，陳會長的心態是永保年輕。因此我也相信，南僑集團在陳會長帶領下，勢必持續追求多層次的「斜槓」，一如曠世奇派的廣告詞所言：

「斜槓人生，需要層次分明……把自己的每一層搭配得很平衡的時候，就有一種『啊！人生！』的感覺。」

每次與陳會長閒談敘舊，都是這般暢快淋漓，讓我在心中也忍不住湧出一句讚嘆：「啊！這就是陳會長！」

鬥魂

導演

魏德聖

很多人都問我，
為什麼可以那麼堅持？
其實這跟堅持無關，
問題在於你多想要而已。

苦熬十七年，曾經窮到身上只剩下十五塊錢，
以《海角七號》一戰成名的導演魏德聖，
因著對自己的夢想「夠想要」，
當環境越艱難，他的鬥魂就越昂揚……

每當有人問起我和魏導是怎麼認識的，我都會從《賽德克．巴萊》電影片尾的那份「天使名單」說起——我的名字就在感謝名單中的第一排。

記憶也要倒帶至二〇〇九年農曆除夕的前兩天，那時冷氣團席捲全台灣，魏導的電影世界正陷入一片淒風慘雨當中。

那天，魏導《賽德克．巴萊》的電影製作志明跑來找我求救，他說：「余姐，怎麼辦？小魏已經把電影《海角七號》一億多元的票房獎金全投進去，他現在連便當錢都發不出來，明天韓國和日本的專業團隊要飛回去，這樣的話，魏導就血本無歸了。」

在這之前，我和魏導有過幾面之緣，他還曾經參加我家的聚會，不小心被我老公灌醉。雖然那時候《海角七號》的熱賣，已經讓他聲名大噪，但一講到《賽德克．巴萊》的拍攝資金還沒著落，三杯酒下肚，魏導仍不禁悲從中來，放聲大哭！

我很佩服魏導對於電影懷抱的熱情。當志明告訴我魏導拍電影缺錢的事，我的腦海中馬上浮現那一晚，魏導壯志未酬流下英雄淚的模樣，不忍心看到這麼有才的導演，因為缺錢而無法實現自己的電影夢，於是我問志明：「缺多少？」

「九百萬！」

「好！」第二天我就趁著銀行休春節連假的前一日，到銀行匯錢給魏導，然後滿心歡喜迎接農曆年到來，也期待著不久的將來《賽德克・巴萊》這部巨作的上映。當時我絲毫不知，原來志明口中的九百萬只是一個起點。

在廣告業和媒體業打滾幾十年，我對於電影產業的運作及相關拍攝流程，卻是完全不熟悉。

當志明跑來緊急調度九百萬，我以為這些資金的到位，足以讓《賽德克・巴萊》順利完成，朝向上映之路邁進一大步。後來才知道，九百萬只是一個階段性的推進，隨著拍攝工作的持續，志明又陸續跑來找我借了好幾次錢，每次都三、五百萬，最後累積借到兩千三百萬。

過程中的來來回回，一度弄得我有些困惑，有回耐不住性子，乾脆直接問志明說：「現在是怎樣，不能一次講需要多少嗎？一次又一次不斷地借，什麼時候才是盡頭啊？」

我想表達的是，在能力範圍之內，我很樂意協助支持魏導這位難得的本土電影奇才，但我做事向來乾脆俐落又講究效率，對於這種非一次拍板定案的調度模式，實在感到有些難以理解。

志明也覺得不好意思，道歉解釋說，他曾問小魏能不能一次說好需要多少錢，但後來才了解，小魏拍片的自我要求非常高，永遠都覺得不夠好，不時還要重拍，所以會有新狀況需要資金來因應，很難事先說得準。至於我，基於對魏導的那份惜才之情，嘴巴上唸歸唸，錢還是一樣照借。

身懷鬥志／借錢創造機會，勝過徒留負債

為什麼處在經常不確定的氛圍中，包含我在內，仍然有很多人願意掏錢，協助他

度過一次又一次的資金危機？我想關鍵就在於，魏導滿懷鬥志、勢在必成的築夢態度。

針對籌錢拍攝《賽德克・巴萊》一事，魏導接受專訪時也提到，自己最大的幸運就是每當想放棄時，情勢都正好處在放棄不了的情況下。比方說，他透過志明來找我借錢的時候，已經負債一億，當時若是放棄，這輩子就要扛一億的債務。

「不放棄，雖然還要到處調度五、六億資金完成這件事情，但有機會創造全新的可能性；若是放棄了，不僅只有創造出一個零，還要一輩子負債一億，你要選哪一種？」事實證明，魏導選擇了前者。

但堅持的過程中，他也不是沒有感到絕望的時候。在「余湘的一〇〇個朋友」講座上，有人問到這個問題，魏導分享了一段深刻經歷。

他說雖然拍攝《賽德克・巴萊》時，龐大的資金調度和借貸，以及跨國製作團隊的整合，在在提高了這部電影的製作難度，但真正令他感到痛苦甚至絕望的，其實是不知道終點在哪裡？

原定六個月要拍完的進度，結果卻拍不到一半，不只魏導，工作人員和演員們的心都越來越涼。「工作人員現在提到這件事情都還會講到哭，真的很難熬，那種感覺好像走在山洞裡面，不知道要走多久才會到洞口。」魏導回憶。

當時有一場戲，拍攝場景在台中的山區。為了趕在清晨抵達現場，凌晨四點起床，一行人分乘三輛車，先是沿著崎嶇顛簸的山路開車一個多小時，接著又如行軍般走了十幾分鐘。

「那時候又黑又冷又睏，幾十個人一路上都沒有開口講話，沉默中，只聽得到腳踩在葉子上的聲音，窸窸窣窣，聽到那個聲音真想死，當時有股衝動想從山坡跳下去，因為不知道自己到底在打一場什麼樣的仗？」

更令人感到沮喪的是，演員累了可以休息，魏導卻一刻也不得閒。為了借錢救急，有時拍完戲，他還得連夜驅車回台北跟人借錢，不然就是在下榻的旅館，電話一通打過一通，到處借錢，每天都處在強烈的沮喪和挫折當中。

即使終於到了電影殺青那天，魏導整個人像是麻痺掉了一樣，完全沒有任何感覺。他形容，那就好像是超級馬拉松跑到了終點，腳卻停不下來，連衝破終點線也無感。

什麼時候才開始恢復感覺？魏導苦笑了一下，說：「等到殺青隔天睡到中午起床，洗個澡，出門前刮鬍子時，看著鏡中的自己，笑了，這時才真正感覺到一切終於結束了。」

回首這段艱辛的歷程，魏導只用了短短幾分鐘講完，聽在大家的耳裡，卻是字字驚心動魄、句句峰迴路轉。我不禁好奇，在那段看不見終點的長跑賽中，是什麼樣的堅強信念在支撐著他？

後來才知道，除了因為夠熱愛電影，早在北上打拚之初，他就已經暗自立志，終有一天要出人頭地！

二十三歲，當兵退伍之後，他曾獨自站在當時台北車站的二樓，看著一樓大廳熙來攘往、萬頭攢動的人群，心裡想著：「我要怎麼在這一群人裡面冒出來？如果連在這群人當中都無法出頭，那我的努力又是為了什麼呢？」

正因為不願努力白費，渴望勝出的鬥志自此在心中環繞，終於蓄積成一股無懈可擊的大志，讓魏導在四十歲那年，以電影《海角七號》一戰成名，頓時成為鎂光燈照耀的明星導演。過往那段從沉潛到崛起的奮鬥歷程，也成了媒體爭相挖掘的報導題材。

寒窗苦熬／從小場記入行，一度窮到只剩十五塊錢

我常說，每個成功者的故事，幾乎都有著血淚交織的過去，只不過，人們很容易看到他人在檯面上的成功，卻看不到背後付出多少努力和代價。

有次受邀到一所大專院校演講，我刻意戴上一枚五克拉鑽戒，秀給同學們看並且問說：「羨慕嗎？」台下的同學各個露出欣羨神情，接著我翻過手來，讓他們看看我的掌心，問道：「那你們有看到嗎？戴著鑽戒這隻手的另一面，其實布滿了繭。」

我無意炫富，只是想藉此讓年輕學子們了解，成功不是表面看到的光鮮亮麗，而是需要努力不懈，也就是說，想追求成功要先願意付出代價。除了仿效成功者的態度與方法，更要知道自己內心真正的渴求是什麼，一如魏導的堅持正是來自心中一股強烈的熱愛。

出身台南永康，魏導自認從小是個沒有夢的人，也不知道將來要幹嘛，直到當兵

退伍前夕，才開始有了一點頭緒。

他說，某晚站衛兵，對面的同袍剛好是世新畢業，一直跟他談電影專業，還問他有沒有看過一些世界經典名片，見魏導一臉無知地搖搖頭，便約他放假一起到早年相當流行的ＭＴＶ包廂，觀賞外國電影。

雖然魏導早已忘記那時看的電影片名是什麼，但當下鏡頭語言帶給他的震撼，至今記憶猶新。他也從此大開眼界，明白了所謂的「電影」，除了小時候在廟口看的那些國片，還有拍攝手法跟故事鋪陳都更為純熟的外國影片。

在那之後，他便以內在誓言般的信念告訴自己：「或許退伍後，我也可以參與這個夢幻產業，用鏡頭語言來說故事給大家聽。」

入行之初，他先從小場記開始做起，但埋首其中才發現，原來這行業的工作不僅一點都不夢幻，抬頭望向電影窗格外，更有許多生存現實需要克服。

非電影科班出身的魏導，很有寫劇本的天賦，但其餘的電影專業只能乖乖從頭學起。蹲馬步時期，每天在拍片現場負責打雜，寫場記、買便當、調度演員、製作道具等什麼都得做，薪水卻少得可憐，只租得起兩坪多的小雅房，而且還是跟兩個朋友一起分租。

有次，身上窮到只剩下十五塊錢，準備到超商買「一包九塊錢泡麵」和「一顆六塊錢茶葉蛋」，原本在他手掌心晃動的兩個銅板，竟然噗通一聲，掉到水溝裡去，而且掉的還是最關鍵的十塊錢。

「當時我整個人都愣住了，忍不住在內心對著那個五塊錢銅板吶喊：『為什麼會是你？』但錢掉了都掉了，別說泡麵，這下子連茶葉蛋也買不起，只好鼻子摸一摸，轉頭回家喝白開水充飢。」

魏導回憶，早年的衰事不僅接二連三，工作機運也經常不怎麼好。

雖然入行沒幾年，他就以《賣冰的兒子》榮獲新聞局優良劇本獎，並於一九九九年以十六厘米短片《七月天》，榮獲溫哥華國際影展的「最佳青年導演獎」。但《七月天》跟當時幾部短片，好不容易被台灣某電視台買斷，錢剛入手，還來不及支付演員和工作人員的費用，就被電視台以髒話太多而要求退款。

一名親近的友人看見當時的魏導又衰又窮，還曾滿臉愁容地對他說：「小魏，我每次看到你都想哭，因為你的運氣真的好背啊！」但反觀魏導，他的反應不是想哭，而是憤怒，並且下定決心要將憤怒化為力量。

「當時最令人感到憤憤不平的是，你明明很有戰力，卻沒有戰場。」魏導形容那時的自己像隻被關在籠子裡的鬥狗，痛苦極了，因此他常常在內心怒吼：「有種就不要讓我出去，出去的話我見人就咬，咬到你皮開肉綻！」

他用來咬人的方式，就是立志幹大事，自許成為一位大人物！

背水一戰／十七年失敗不得志，蓄積成創作爆發力

或許吧！我之所以對魏導身上流竄的鬥魂，特別有共鳴，多少跟我自己的成長背景有關。

出生自台東，我也是一個隻身到台北闖天下的鄉下小孩，因此當時常會想，自己要如何才能從一群人當中冒出頭？所以早年的我跟魏導一樣，為了出人頭地、衣錦還鄉，我甘願從小總機做起，一抓到機會，就會自發地付出更多努力。

追求夢想的過程中，我常常鼓勵自己「一定要加油」。也因為夠想要，每當挫折

越大，我的奮戰力道就越強；越是被別人看不起或遭輕視是女性，我就越要證明自己的能力不輸男性。經由一點一滴地累積，終於開創出寬廣的一片天。

而魏導的奮戰力道，全然灌注在電影創作上！

他曾透露，《海角七號》當中的幾個主要角色，都是從他身上投射出來的分身。「我把那種奮力一搏、等待成功契機的複雜心情，不管是正面、負面、積極還是消極的，全都分配給不同的角色，後來我才知道，原來很多人有著跟我一模一樣的煎熬心情。」

二〇〇八年，《海角七號》在「台北電影節」首映，口碑開始在BBS等網路平台瘋傳開來。票房突破五千萬之後，又轉而引發各大媒體的報導，再掀起推波助瀾之效，最後的票房成績高達五億三千萬元，創下當時台灣電影史上華語片的最高票房紀錄，以總體來說，當時的票房表現亦僅次於《鐵達尼號》。

俗話說：「每個成功的男人背後都有一個偉大的女人。」《海角七號》傲人成績的背後，魏導妻子功不可沒。從事銀行工作的她，個性低調，唯一的一次以魏太太的身分在鏡頭前露臉，是在《賽德克・巴萊》殺青後的幕後花絮中。

她在接受採訪時提到：「一直以來，大家都沒有看到他（魏導），其實我很難過，看到自己最心愛的男人，長期以來是這樣在過日子，真的很痛苦，因為他明明有能力可以做這個事情，卻沒有人相信他。」

尤其是在拍攝《海角七號》期間，魏導首度執導劇情長片，還沒有什麼名氣，除了新聞局輔導金跟片商投資的兩千萬，對外根本借不到什麼錢。魏導的妻子為了幫助心愛的丈夫圓夢，不僅答應讓他拿房子去抵押，還強忍著內心極大的不安，簽下一張一千五百萬的貸款申請書，成為連帶保證人。

魏導透露，當時妻子考量還有六歲的兒子要養，一度拒絕當連帶保證人，兩人因此冷戰快一個月。後來因為拍攝預算已經嚴重超支，再不籌錢的話，先前的努力就要前功盡棄，魏導的妻子於心不忍，才邊哭邊簽貸款申請書。

哭，不僅是因為擔心血本無歸之後，兩人將從此舉債一輩子，甚至牽連到兒子；妻子的眼淚，更是出於對魏導身陷拍片絕境的不捨和難過。

如今回頭來看，幸好有妻子在關鍵時刻相挺，才順利催生了《海角七號》，讓魏導一躍成為台灣電影史上最賣座的國片導演。

生平第一次，魏導在還完所有負債後，身邊還可以有幾千萬積蓄，讓他體驗一下身為「千萬富翁」的感覺。但也僅僅是體驗一下而已，不同於有些導演，經由一部電影大獲成功，日後就只會產出同一類型的電影，魏導卻不然。

他認為，導演只是一個說故事的工具，如果一心一意追求當某種導演，那麼這輩子可能只會拍出某種類型的電影；但如果是為了故事本身去拍電影，就可以挑戰很多不同的類型，甚至跳脫以往的框架與形式。

魏導本身就很樂於挑戰不同的電影類型，所以繼《海角七號》熱映之後，很快我們就看到，他在二〇一一年九月，重磅推出台灣第一部史詩級的電影《賽德克・巴萊》，光是台灣票房就高達八億一千萬，更勝《海角七號》。

不忘初衷／籌劃十二年，證明台灣也能有大製作

實際上，在魏導原先的規劃裡，《海角七號》只是個突如其來的插曲，《賽德克・巴萊》才是他從短片跨入劇情長片，最想開拍的第一部電影，只不過限於籌資受挫，

他才想先轉個方向，從大眾比較感興趣的愛情題材拍起。

這種迂迴前進的戰術很聰明。藉著《海角七號》的熱映，魏導不僅狠狠一吐十七年來胸中塊壘，向大家證明自身能力，並在這樣的人氣基礎之上，重新集資七億開拍《賽德克．巴萊》，確實也比之前來得容易許多。

而且魏導果真是說到做到、有借有還的一個人！我還記得，《賽德克．巴萊》九月九號正式上映的前一天他就一口氣把所有的錢還我。同時還應我的要求，舉辦一場《賽德克．巴萊》上、下兩集，加起來總計兩百七十六分鐘的完整版首映會。

當時我花了三百萬包場，邀請好友們前來一次看個過癮，包括趙少康、汪用和、白冰冰等。我印象很深刻，開演之前，趙少康事先跟我把話講明，說他剛從北歐飛回來，二十多個鐘頭沒睡，言下之意是要來「吹冷氣睡覺」就對了。

沒想到，上集才剛演完，中場休息時間有歐式自助餐點，趙少康就興致盎然地跑來告訴我：「余董，這電影太好看了，我從頭到尾都沒有睡！」至於我自己，也被電影中的爆破場面震撼到，忍不住在心裡讚嘆連連，這完全不輸好萊塢電影的那些大排場跟大製作啊！

包場首映會結束，我公開大讚魏導，說：「小魏，你太有才了，拍的爆破場景真是震撼人心，下次拍電影再跟我借錢，我就不會嘰嘰歪歪了。」引發一陣哄堂大笑。過不了多久，魏導著手開拍首部運動電影《KANO》，果真又跑來找我借錢，並說：「余董，我找了兩個金主，一個是妳，一個是玉山銀行。」每次提起這段，我都會誇讚魏導雖然平日口拙，關鍵時刻卻變得很會說話，把我的財力跟玉山銀行相提並論，讓我聽得飄飄然。

於是，他再次讓我以「天使」之姿出現在片尾感謝的名單中。後來聽魏導分享，我才知道，他堅持挑戰大製作是因為肩負著使命感。

以《賽德克．巴萊》為例，為了忠實呈現霧社事件的歷史衝突，魏導重資請來韓國和日本的特效團隊，一來借重跨國團隊的專業，二來也希望他們的敬業態度能激發台灣的電影工作人員。

除此之外，當時大家普遍認為台灣承擔不了大製作，原住民歷史題材在觀眾腦海中也是黑白的，難以取得共鳴，種種的反對聲浪，更加激發魏導的鬥志，以及要完成這部片的決心。

「這也是一個很具前瞻性的實驗！」聽著魏導娓娓道來：「過程中不只要克服很多運鏡技巧的挑戰，還要整合跨國團隊在處理特效、特殊化妝以及電影動畫等方面的問題。這些試驗雖然有些成功、有些失敗，但對我來說，只要有百分之七、八十的把握就會去做，因為百分之百會成功的事情，代表別人已經做過。」

《KANO》和《52赫茲我愛你》，也都是魏導挑戰自我及顛覆他人觀點的經典之作。當外界普遍認為，運動電影已被市場淘汰了，魏導思考的重點卻是如何透過鏡頭語言，讓觀眾以為自己在觀看一場真正的比賽，而非電影。

為此，魏導花了很多時間研究實況轉播的運動賽事，分析攝影師如何在場上取鏡，將賽事轉播得有臨場感，然後再跟導演馬志翔討論如何讓觀眾身歷其境。那次的實驗也很成功，重新激發了台灣觀眾心中的運動魂。

至於《52赫茲我愛你》，實驗靈感源自周杰倫自編自導自演的歌舞劇電影《天台》。魏導雖然覺得這部片好看，但總覺得有個「東西」可以改變，那就是音樂和戲劇的結合方式。

他認為一部真正的音樂歌舞劇電影，不能音樂舞蹈一出現，原先鋪陳的戲劇故事線就停止；反之，兩者應該互為推進，用音樂帶出故事，也用故事來延伸音樂，不能因為歌舞的元素而讓故事停下來。

對魏導來說，這是一次很重要的實驗機會，藉此測試台灣觀眾在劇場之外，是否能夠接受大銀幕上由台灣面孔演出的音樂歌舞劇。

這就是魏導！越挫越勇的鬥魂，十足呼應了美國知名演員丹佐・華盛頓的名言：「When you fall, fall forward.」就算跌倒也要往前倒。無論是過去、現在，還是未來，每一次的挫折對魏導而言，都是為了更靠近成功一步。

再創新局／地緣激發情感，定意打造台灣三部曲

一路走來，魏導總把我視為他的天使，還坦承說每次見面，不太好意思正眼看我，因為都是要伸手借錢；但其實在我看來，魏導才是我的貴人。

透過借錢給他的關係，讓我有機會真正認識電影產業。尤其之前看過魏導在林口搭建的《賽德克・巴萊》片場，深知國片要賺錢真的不容易，後來許多國片導演來找

我投資，我都一一婉拒，因此得以從電影產業中全身而退。

我還觀察到，魏導身上有個非常難能可貴的特質，就是他在成名之後，仍一如往常般地勤儉樸實。

前段時間我遇到一個也熟識魏導的朋友，他說有次看見魏導從家裡走路到公司，身穿T恤、頭戴鴨舌帽，完全不像個大導演。即使成功之後，他也沒有被名利沖昏頭，既不講究排場，也不追求名氣，出門更沒有什麼黑頭車或保鑣。

對此，魏導自己的回應是，他覺得生活就是生活，無須刻意而且簡單就好。他回憶《海角七號》爆紅之初，面對蜂擁而來的鎂光燈閃爍，還曾經一度驚慌失措。「至今我仍印象深刻，在新聞局那裡，行政院包了一場《海角七號》，看完以後我跟行政院長從階梯走下來，一群記者的麥克風朝我遞過來，我被嚇到想要倒退走。」

在那之後，迎接魏導的便是從早到晚的媒體專訪，整天一直不間斷地講話，連續幾個月下來，內心陷入一片慘白。他知道不能再這樣下去，便轉而沉潛籌拍下一部電影，回歸原初的熱情所在。

說到底，魏導真正的夢想並不是成為知名導演，而是當個說故事的人，用影像見證台灣歷史的流轉。

接下來，他將全心全意投入新的計劃，透過電影訴說跟台灣這塊土地的發展脈絡有關的歷史故事，內容將從三個不同族群的視角切入——荷蘭人、漢人、西拉雅原住民族，取名為《台灣三部曲》，故事開場都是荷蘭人來了，也都結束於鄭成功的到來。

這個電影系列的靈感源自作家王家祥的小說《倒風內海》，視角也是從西拉雅原住民族的角度出發，但是劇本寫到後來，讓魏導最有感覺的，反而是素材最缺乏的漢人觀點。原因是經過歷史考證後，他驚訝地發現，漢人海盜發起的台灣第一場農民革命，地點竟然就在他的家鄉，台南市永康區。

講到這裡，魏導的眼睛都亮了。他說：「當生命的連結一出現之後，感受力就很強，變得更想要為自己成長的地方寫歷史。」

而且他的夢越做越大，原先只是單純想要拍三部電影，後來有感於先前巨資打造《賽德克．巴萊》的場景，隨著電影殺青就面臨拆除命運，實在可惜，於是興起要開創一座園區的念頭，完整呈現出自一六二四年起，四百年的台灣風貌。

還有一個原因是，《台灣三部曲》的場景布置成本太高，若是不利用電影打造出來的場景，仿照百老匯的經典劇目，經年累月地進行一次又一次演出，並且延伸創造一座歷史文化園區，吸引民眾前來體驗遊玩，這三部曲的回收可能不到十分之一，就更甭談要吸引金主們投資了。

身為他的天使投資人之一，我也曾問過他《台灣三部曲》整體預算需要花多少錢？他說一百多億，當時我聽了倒抽一口氣，擺明「這麼大的一筆數字，已經不是我可以像之前那樣爽快地說：『明天就匯給你！』」同時我心裡也有些質疑，這真的做得成嗎？

但兩年的光景不到，最近一次見面就聽到他說，位於台南市的一百公頃土地已經到位，後來追加到兩百多億的預算，在國發會的協助連結之下，自籌款也僅剩七、八十億，達成率很驚人。當下我就跟魏導說：「你若是不當電影人，當行銷人一定也很強，因為真的是太會行銷了！」

永垂不朽／重現本土四百年歷史，擘劃時代紀錄

我敢保證！若你有機會聽聽魏導的園區簡報，一定會很有興趣成為他們的小額捐款人。

魏導的規劃是，等園區開始動工之後，要號召有興趣的民眾「一人一萬」當作捐款，然後成立一個園區基金會。如此一來，基金會就不用每年出去募款，還可利用未來的營運利潤去推動很多公益活動。

這些公益活動包括了，提供偏鄉或清寒家庭的孩子們，免費進入園區享受三天兩夜的豐盛之旅。不同於早期的中影文化城，以拍片場景的設計為主，魏導取名為「豐盛之城」的這個園區，含括了體驗、藝文、歷史、遊樂、劇院、電影院、旅館、咖啡店等設施。

換句話說，魏導不是在建造一個遊樂場或影城，而是運用台灣的歷史元素，打造出一個兼顧食衣住行育樂的當代新聚落。

他甚至連推動公益的細節都想好了！為期三天兩夜的旅程當中，前兩天，先鼓勵

孩子們玩得盡興，全身弄得髒兮兮的更好，「讓孩子回到孩子的樣子」。第三天讓孩子們從福利接受者，轉換成福利提供者，透過打工的方式來參與，並且由基金會支付工資。

讓孩子們賺一點零用錢，只是小小的附加效益，魏導真正的用意是想打開弱勢家庭孩子們的眼界。「為什麼說貧窮會遺傳？其實孩子遺傳到的不是父母的貧窮，而是視野，從小看到爸爸媽媽工作很辛苦，一心只想要趕快長大賺錢，只知道追求溫飽，不知道追求更美好幸福的生活，因為壓根兒沒看過世界長什麼樣子。」

園區能夠讓孩子們看見世界，因為在一六二四年，荷蘭人把世界帶進來台灣的同時，其實也把台灣帶進去了世界。透過晚上讓孩子們住在古老船艙裡觀賞電影的方式，營造出一種搭船出海看世界的感覺（事實上，這艘船也會環島航行、駛向東南亞，甚至環遊世界），心靈視野也將變得更開闊……。

這個夢聽起來真的很大，大到連魏導自己都有些不好意思，他坦承說：「我每次都講得很誇張，但我發現這些看似很誇張的夢想，最後都會一件一件成真，所以我不是故意要誇張，但頭腦控制不住會一直想……」

身為魏導的天使兼友人，現在我也相信，他絕對可以在十年內完成這個歷史工程！

如果大家還記得的話，魏導曾經公開說過，在拍攝《海角七號》期間，他連兩萬塊都借不到。但你可以想像嗎？當初一個默默無名的小導演，如今要籌拍《台灣三部曲》，連兩百多億的募資都胸有成竹，著實今非昔比。

況且對他來說，人生已經沒什麼好怕的了，因為再慘也慘不過還沒拍攝《海角七號》之前，那段青黃不接的黯淡歲月。「當時的難熬在於，你已經等待了十五年，十五年耶，那時候也不知道後來會發生什麼事？會不會成功？感覺就像在跑一場沒有終點的馬拉松。」如今想來，魏導仍點滴在心頭。

但也因為「夠想要」，魏導總能把過程中不得不的辛苦，轉化成壯大自己的養分，藉此激勵年輕朋友們，人生沒有哪一個階段是在浪費時間，都是在吸收養分，關鍵在於：你願不願意把過程當養分看待？以及將來會在哪裡開花結果？

而讓養分開花結果的前提之一，就是堅持。「堅持背後真正的重點在於你有多喜歡，追求的慾望就有多強；追求的慾望有多強，成功的機率也就有多高，因為只要夠喜歡，就願意付出。」魏導總結。

因此面對當今電影產業的衰退，以及各種傳播媒介的興起夾擊，魏導仍舊一派樂觀。他鼓勵對電影行業有興趣的年輕人不用太擔心，因為導演只是個工作、電影也只是個工具，內容才是真正的重點。意即，只要能確保內容走向精緻化而非廉價化，那麼利用不同媒介的特性，反而能為內容更添多元性與豐富度。

如同魏導對自己的期許，早就不僅止於當好一個導演，或是拍好一部電影，而是要運用內容與其衍生的產品，創造一個永垂不朽的時代紀錄。他知道，這一回的夢又做得有點大，「但只要開始，就會有實現的一天！」

親愛的讀者朋友們，你呢？是否已經啟程在通往夢想的道路上？

眼界

前台東縣長

黃健庭

放寬眼界、堅持做對的事情，
耐心耕耘，你就會看到結果。

從國大代表、立委，一路勝選到台東縣長，
還連續五年獲頒五星縣長的殊榮，
黃健庭用企業治理的精神投身地方政治，
成功將台東的觀光推向國際、翻轉貧窮……

人與人之間的緣分，最微妙的地方就在於，你永遠不知道早年曾經出現在你生命中的人，時隔十年、二十年、三十年後，又將再以何種姿態登場？

前台東縣長黃健庭是我的好友之一，加上同為基督徒的關係，讓我們成了主內一家人。後來我也跟健庭的妻子陳怜燕（我都叫她小燕）互動頻繁，進而變成摯友，多年前我在陽明山進行受浸儀式，小燕還特別從後山趕來見證重生時刻，讓我很感動。

但如果這個世界上有一部時光機，有機會將我和健庭載回到國中時期，旁觀兩人的互動，我們肯定會相視而笑。對比當今惺惺相惜的深厚交情，當年我們雖然是同班同學，卻猶如兩條平行線，只知道班上有對方這號人物存在而已，彼此毫無交集！

健庭有張 baby face，國中時期的他，模樣其實跟現在大家看到的他，沒有什麼差別，只是因為歷經歲月的洗禮，整個人增添了一分老成持重。當年對他的其餘印象就是，他是個官二代，因為成績好、反應快，不僅在班上講話很有份量，還很愛幫同學們取綽號。

雖然那時唸的是資優班，班上還是會自然區分出成績好的一掛，以及成績不怎樣的一掛，我和健庭自然而然就被分成兩個世界，因為同樣是第一名，他是從前面數來第一名，我則是常常吊車尾。

但成績不好也不是沒原因。國中進入資優班，我就被哥哥的游泳教練發掘，加入學校的游泳隊，當時的我心想，既然要練就要認真練，所以每天早晚都分別練習將近三小時。

因著「練習游泳」這個光明正大的理由，我被校方允許不用參加早上升旗典禮，連降旗典禮前的最後一堂晚自習課也可以缺席。但一個國中生能有多少體力？常常早上游完泳，進教室上第一堂課，我就累到趴在桌上呼呼大睡；放學後繼續到泳池練上兩、三個鐘頭，回到家吃完晚飯，自然又累到沒體力，顧及不了課業。

雖然課業落在及格邊緣，我的操行分數卻常常滿分到破百，因為每次只要代表學校參加游泳比賽，每每都會得獎，然後被校方記大功，操行分數自然一直往上加。而且因為游泳練得勤，十四歲那年，我就一舉破了省運紀錄，拿下全國冠軍，畢業後順利進入台東女中就讀。

在班上宛如化外之民，回顧國中三年，我跟健庭講過的話，大概一隻手都數得出來。而我這個同學們（包含健庭）眼中的怪咖，出了社會之後，一路來的發展可說是跌破大家眼鏡。健庭也告訴我，他是在回國從政時，才從同學口中聽到「余湘的事業很成功，還常常上媒體」，那時候他就忍不住在心裡讚嘆說：「哇！很不容易！」

但其實我知道，他真正想說的是：「余湘這個同學還真的是『黑矸仔貯豆油，無底看』。」更有意思的是，有一年受邀回台東母校獲頒「傑出校友獎」，頒發獎座給我的人，正是時任台東縣長的健庭，之後我們也慢慢重啟聯繫。

重啟聯繫／不忍縣長同學民調吊車尾，媒體教母獻策

努力的人，本來就應該被看見！而想要被看見，自然要先擬定一套有效的曝光策

略。

我是個急公好義的人，加上又是自己的國中同學，雖然國中時跟健庭交集不多，但看到他在剛擔任縣長的前兩年，明明很努力拚政績，施政滿意度卻始終不見起色，我也有些急了，曾建議他要多打一些形象廣告，提高曝光率，讓民眾看到他帶領台東縣政府做了哪些事情。

當時健庭的回覆是：「沒辦法，台東真的很窮，沒有多餘的錢可以花在做廣告。」因此他還是持續以認分的姿態推動縣政改革，一步一腳印，協助台東縣慢慢改頭換面。

台東縣，一個僅次於花蓮縣和南投縣的台灣第三大縣，雖然近山面海，擁有獨特的大自然景觀和生態資源，但地方政府的財政及當地經濟狀況，卻是赤字連連、窮得一蹋糊塗。「二〇〇九年底接任縣長時，整個台東縣沒有一家百貨公司、沒有一家電影院、也沒有鐵路電氣化，台東人的壽命還比台北人少了八點五歲……」健庭回憶道。

可想而知，推動改革的過程並不容易！「非常建設前，必須有非常破壞。」健庭要翻轉台東這個沉痾之地，勢必祭出非常手段。上任三個月後，為了改善財政赤字問題，健庭大刀一斬，終止兩項福利政策，一是全縣國中小的免費營養午餐，二是免費的路邊停車格。

「縣長，你要不要連任之後再做這件事？」幕僚基於政治判斷，馬上出言勸阻，還直接把話講明：「一旦取消營養午餐，民調至少會掉五％。」這對當時媒體民調本來就不高，往後可能還有連任壓力的健庭來說，確實是一步政治險棋。

「路邊停車格收費」的新政策，同樣也在挑戰台東縣民可接受破壞現狀的限度到哪裡。以前要停多久都不用錢，現在計時收費，儘管每半小時才十塊錢，健庭被民眾罵翻了，他自嘲那段日子要戴鋼盔出門。

總之，無論是以現任的民調壓力，還是連任的選票固守來衡量，身為一個「典型的政治人物」，健庭理應採取的施政重點，都不該是打破選民眼中的福利舊規，但他仍堅持貫徹到底，為什麼？

健庭向我提到，他覺得當今台灣的政治文化太過討好選民，而非著眼長期有益的政策，但他堅持要做對的事情，當然要不怕得罪人，因為對的政策通常不會一推出來就能贏得很多掌聲，但若是被罵了又退縮的話，朝令夕改的下場將一事無成，所以身為縣長的他自許要有肩膀挺下來，然後以真實的成績改變民眾的想法。

我尤其認同他所說的，「當一個領導者本來就要有教育民眾的責任。」若是地方父母官沒有站在一個政策高度看事情，逕自被選民的喜好牽著鼻子走，即使贏得了一時的掌聲和選票，長遠來看，卻會輸了一個縣市的未來。

以免費營養午餐的政策為例，雖然看似照顧到廣大的縣內國中小子弟，卻吃掉了大部分的教育經費，導致許多破舊校舍沒錢修，老師還得撐傘上課。為了將錢花在刀口上，提供學生更好的教育環境和內涵，健庭力排眾議取消這個他眼中「不公不義」的政策，把免費營養午餐的名額，限制在中低收入戶等貧困家庭。

撙節開支的同時，健庭也透過路邊停車格的收費制度，幫助台東縣府創造收入，也因此改善了市容和交通亂糟糟的問題。有感施政進行了一陣子，他就陸續贏得一些民眾的肯定和掌聲，民調也開始逐漸往上攀升！

「有兩件事情，我一直在觀察民意的反應，一是營養午餐，一是路邊停車收費。隔了兩年左右，我們再做民調時，有接近七成的台東民眾是贊成的。」健庭欣慰地說。

那一屆的台東縣長任期是五年，因為配合六都升格，首長選舉延了一年，而這無疑也為健庭爭取到了更大的施政時間和空間，包含長年爭議不休的焚化爐及風飛砂難題，都在五年任內得到解決。再加上，他成功將在地觀光推向國際，因而在二〇一四年，獲得《遠見雜誌》「縣市長施政滿意度調查」五星縣長的殊榮。

二〇一八年十二月二十五日卸任之後，健庭馬不停蹄受邀至各機關演講，在分享台東的治理經驗時，他常會用「取消營養午餐以及路邊收費」這兩項政策的推動歷程，鼓勵公務人員或是民間機構要堅持做對的事情，等時機成熟，外界自然會給你應有的公評。

兩代縣長／飛越白人金融圈高峰，返台改爬政治這座山頭

二〇一九年九月十六日，鴻海董事長郭台銘閃電發表聲明，表態要退出二〇二〇總統大選，原先內定的副總統人選是誰？外界及媒體大多指向「前台東縣長黃健庭」。

身為同學兼好友的我，沒親口向他求證過，如同他接受記者電訪時所說：「現在談這個已經沒意義！」撇開外在情勢的變化因素不談，我相信，健庭除了具備豐富的

政治經驗，專業的企管和金融背景，都會是他未來有機會重新返回政壇的兩大利器。

大學讀的是國貿，健庭畢業後負笈美國加州聖塔克拉拉大學，攻讀企管碩士（MBA），並於學業完成後，進入美國一家資產管理公司任職，一路從小職員爬到資深副總的位置，年薪頗豐。期間他也在美國結婚生子，家庭和事業兩得意，年紀輕輕就攀至人生的高峰，令人欣羨！

直到工作第八年，健庭漸漸心生疲態、萌生去意。當時的他覺得，即使已經在美國成家立業，總還是在別人的地方，以他一個華人能夠在老外的公司做到資深副總，也算是到頂了，想像未來一成不變的日子，令他起了騷動的心。

「這種生活不是不好，但好像少了什麼，加上台灣有一個不錯的工作機會出現，讓我覺得自己應該回來闖闖看。」於是健庭嘗試說服小燕，說自己在美國金融這座山已經到頂了，回台灣才能挑戰另一座更高的山，活出更多可能性。小燕聽了覺得有道理，便點頭答應。

一九九三年歸國，他按照原定計劃，受曾任中央投資公司總經理劉維琪之邀，擔任公司旗下華信證券投顧公司總經理，專司海外基金投資這一塊的操盤。

做了兩年，正好碰到隔年國大代表選舉，健庭的爸爸是台東的老縣長黃鏡峰，當地一些父執輩就鼓勵他參選看看。在此之前，壓根兒沒考慮過要從政的健庭，面對老天爺突然擲過來這麼一球，一時之間有些不知道該怎麼接球，於是，他前去徵詢父親的意見。

他們父子之間的互動默契也很耐人尋味。當他問父親說：「我去參選國大代表好不好？」父親不置可否，只是淡淡說了一句：「你自己要想清楚！」但這句話就足以成為他擺盪心海中的一個定錨，因為一直以來，父親就是個話不多，卻會用行動默默支持的人。

回憶赴美期間，網路通訊不如當今方便，越洋電話也貴得不得了，健庭通常用寫信的方式跟父親交流，分享在美國生活的點點滴滴，或是徵詢父親的意見。讓他很感動的是，父親無論多忙都一定會回信，而那一封封有著父親砥礪話語的家書，也成了他在異鄉最堅固的心理後盾。

健庭身為前縣長的孩子，既打從心裡把父親當成典範，那麼在無形之中，步上跟父親一樣的從政道路，雖不在父子倆的計劃當中，倒也不怎麼令人意外。但白領人士初入政治叢林，還沒選上，震撼教育就先接連而來！

我聽他分享過一個例子。回台東拜票時，曾經有民眾拿「台灣口香糖」——檳榔，熱情地說要請他吃，見健庭面帶難色回絕，對方有些不悅，反嗆說：「你來拜票，應該是你要請我吃檳榔才對，結果我請你吃，你還拒絕。」

在那之後，健庭充分意識到，不能再以知識分子的姿態來拚選戰，而是要接地氣地捲起袖子，和鄉親們勾肩搭背地搏感情。儘管解套之道看似簡單，但畢竟已經離開家鄉到外地甚至是國外生活了那麼久，如何一下子就調適過來？他也花了一些工夫盡快自我調整，努力融入台東在地生活，入境隨俗。

「後來你是用什麼方式，克服民眾請吃檳榔這件事情？」聽他講完，我像個好奇寶寶，忍不住反問。他的回答也很妙：「我就拿掉檳榔外面裹的那層葉子，只吃檳榔本身，反正檳榔也是一種果實，就當作水果在吃囉！」

「也是啦！這樣才不會得罪對方。」我分享了自己的類似經歷。在任職民視副總經理時期，有一回帶著業務同仁到南部拜訪一位江湖氣息濃厚的客戶，對方明知我沒有吃檳榔的習慣，還是遞了一顆到我面前，想測測我的膽識和誠意。

二話不說，我接過檳榔往嘴裡塞，才咬幾口，那位客戶就霸氣地說：「可以了！」然後伸手示意要我把嘴裡的檳榔吐出來。考驗過關！那次的合作當然也就順利談成啦！

同樣地，健庭當年在勤走基層拜票，加上又有「老縣長兒子」名號的加持下，參選三個月後，他如願當選一九九六年第三屆國大代表，政治生涯自此揭開序幕，而等在幕簾後的一連串從政驚奇，更是健庭始料未及。

縣長最佳分身／台東人口中的「小燕姊」，樂在公益的天使

政治猶如婚姻圍城，城裡的人想逃出來，城外的人想衝進去。據我所知，健庭和妻子小燕在參與政治之初，不只一次萌生當「政治逃兵」的念頭，因為真的是太辛苦、犧牲太多了！

健庭和小燕是在美國求學時認識的。據健庭描述，雖然兩人就讀同一所學校的MBA，但相差好幾屆，也就是小燕入學時，健庭已經畢業。兩人有機會相識進而相

戀，是因為健庭畢業後，跟同學一起回母校參加迎新舞會，剛好小燕負責在門口收門票，一個人五塊美金，就這樣搭起兩人「學長與學妹」的這層關係。

當年，小燕的身邊不乏追求者，當情敵們都只會用約吃飯、看電影這一類的老套步數來試圖博取芳心，健庭採取的卻是務實策略，不僅熱心建議學妹修哪幾門課、要關注哪位老師，還時不時自告奮勇指導學妹功課。得知小燕初來乍到經常迷路和下錯交流道，健庭及時英雄救美幾次之後，後來乾脆每天開車一小時等她下課。

暖男學長的溫馨接送情，果然奏效，健庭如願贏得美人心，兩人於九個月後步入禮堂。每每跟人談起這一段過往，健庭都會一臉得意地說，自己是高效率ＭＢＡ，因為門票五塊美金的投資報酬率，高到難以計算，他也坦承，後來的從政之路之所以走得穩，全因有小燕的犧牲和成全。

健庭踏入政壇之前，小燕對於他們的工作和家庭生活都極為滿意。後來，一聽健庭說要辭掉工作、投入國代選舉，「小燕嚇壞了！想說我一路來的訓練都是在金融領域，怎麼會一下子說丟開就丟開，是頭殼壞掉嗎？」

配合健庭必須回台東經營在地選民，小燕也不得不放棄學以致用的金融工作，人生至此，猶如砍掉重練，健庭說小燕嚇壞了，在我聽來並不意外，但我不知道的是，從小就是基督徒的小燕，還因此跟上帝嘔氣了快十年。

她氣的是，打從出生到結婚生子，每一條路上帝都預備得很美好，怎麼會走著走著就「走鐘」了，逼得她不得不拋開理想工作，跟著健庭一起打選戰，選上之後還要犧牲陪伴孩子的時間，投入選民服務？

她更氣的是，為什麼上帝要為健庭開路，讓他一路從國大選舉到三屆的立委選舉，全都戰無不勝、攻無不克，繼而又投入台東縣長的選舉？

當小燕聽到健庭決定角逐台東縣長時，原本想以「離家出走」來表達強烈抗議，但是家人朋友和牧師都勸她支持健庭的決定，加上每次禱告，聖靈都告訴她「順服你的丈夫，你是他最重要的幫助者」，於是小燕努力放下自我、順服上帝對健庭的帶領。

才貌兼備的小燕，本來就是匹千里馬，只要給她一片寬敞的大草原，跑起來可是比誰都快！一旦答應要成為健庭的得力左右手，她就轉而向上帝尋求自己在「縣長夫人」位置的使命是什麼？而她得到的答案是：「去愛台東許多無助的孩子！」

受到上帝啟示，小燕開始深入偏鄉學校講故事，藉此協助孩子們建立良好的品格和生命價值觀，更傾耳聆聽他們心中的願望。當她聽到有孩子表示，「希望學校有一座圖書館」或是「希望每天有早餐可以吃」，心疼的同時，她都會努力結合民間力量，一起完成小朋友的願望。

二〇一二年，透過「雲端愛筵」圓夢計劃，讓全縣一百二十所國中小的孩子們一起許願，再藉由媒體宣傳連結全國企業的資源，送聖誕禮物到台東。此舉不僅直接讓台東學童受惠，也讓全國民眾看到，小燕這位台東縣長夫人，真的是人美心更美，也為健庭的形象大大加分。

而且我也要謝謝小燕，讓我有機會參與其中。有次她來找我，說「雲端愛筵」的圓夢計劃中，我的母校新生國中需要七十幾台平板電腦，身為台東囝仔，加上自己也有能力，我不只答應贊助，還提供超過要求數量的平板電腦，希望能夠滿足家鄉孩子們數位學習的願望。

「一般人可能沒有辦法想像，有些偏鄉孩子提出來的願望，竟然只是每天早上喝一杯牛奶。」健庭接著細數印象中，孩子們提出的願望清單上還包括了，希望爸爸媽媽在身邊、希望大提琴演奏家馬友友來拉大提琴、希望雲門舞團去授課、希望時任總統夫人的周美青去讀故事書……

即使是幸運在路上撿到阿拉丁神燈，頂多也只能實現三個願望，然而「雲端愛筵」圓夢計劃在小燕和健庭的多方奔走之下，聚集眾人的愛心，至今已經成就超過三百個願望。

像是成功國小在專家協助下，錄製了自己的音樂專輯，並且帶著專輯到大陸河南進行海外參訪；蘭嶼椰油國小擁有原住民血統的孩子們，到紐西蘭與有血緣關係的毛利人進行文化交流，長達一個月；賓茂國中的學生前往馬來西亞參加發明展，奪下兩面金牌，光榮返鄉。

「我發現，海外交流的方式對於偏鄉孩子開闊視野，有很大的幫助！」喝過洋墨水的經驗，讓健庭深感孩子具備國際觀的重要性，「雲端愛筵」連辦多年下來，著力最多的部分就是提升後山孩子們的眼界。

外界看健庭擔任台東縣長，游刃有餘、樂在其中，但其實在立委時期他也曾後悔過，想放棄從政這條路呢！

「我常跟小燕說這次是最後一次選舉了，並不是在騙她，而是當下我真的覺得是最後一次。」健庭表示有時累得很慘，夜深人靜之際不免懷念起過去單純的生活，甚至反問自己：「我到底在幹嘛？何苦要丟掉好好的生活，讓自己處在充滿未知的未來？」

健庭會有這種感觸是因為，選舉不比經營企業，後者是一種專業的累積，只要具備實力，自然會有公司爭相想要晉用你；但想要贏得選舉、不在政治圈失業，除了努力經營選民，還有太多的政治變數是個人無法掌控，「哪一次落選，一切就都結束了！」

再加上，有一段時間小燕皮膚過敏得非常厲害，看了幾次醫生都未見改善，也讓健庭意識到自己的從政，造成小燕身心壓力有多大！所以在很累很累的時候，難免想到讓小燕犧牲這麼大，值得嗎？

當一些外在挫折同時襲來，小燕的「stand by him」就變得格外重要！也幸好，上帝給了健庭一個深層的使命感的性格，讓他在家人的全力支持下，越挫越勇、絕不放棄自己設定的目標——翻轉台東！

翻轉貧窮／用觀光拚經濟，九年讓全縣存款增加四百億

聽健庭分享這一段心路歷程時，我特別有感覺，我們都一樣有著不服輸的性格。征戰廣告界數十年當中，雖然碰過的大小困難不斷，通常都能克服，鮮少產生那種很辛苦的感覺。直到一九九八年，接下WPP集團旗下的傳立媒體總經理一職，我才知道許多人口中的「工作很痛苦」是怎麼一回事。

那一年撐得很辛苦！對內，我要同時面向奧美和智威湯遜這兩家公司的大主管，公公婆婆很多，意見難以整合；對外，媒體普遍不樂見傳立的存在，覺得我們是要去殺價的，所以不免也碰到一些刻意的刁難。

印象中，那段時間我幾乎每天頭痛發作，常在下班開車回家的路上，一邊開車一邊手抓扯著頭髮，想要以更大的疼痛來掩蓋頭痛的不適。回到家之後，也常對著老公哭說：「爸爸，我明天不要去上班了！那真的不是人幹的工作。」

只不過嚷嚷歸嚷嚷，隔天一早醒來，我還是乖乖出門上班。為什麼？就是因為好勝心——我不想要讓傳立總經理這個位子成為自己的事業天花板，也想證明自己可以

做到別人做不到的事情，所以無論如何，我都要想辦法克服萬難，享受堅持過後的甜美果實和極大的成就感。

我相信對健庭來說，身為台東縣長最大的成就感，就是看到人說「好山、好水、好貧窮」的台東脫貧了，鄉親的生活向上提升了！

健庭至今還清楚記得，選上國大代表幾個月後，有次到偏鄉參加一個喜宴，上台致詞後，有一個老先生迎面走來，說：「原來你就是黃健庭，我今天第一次看到你，當初聽說你是老縣長黃鏡峰的兒子，我就把票投給你了！」當下，健庭心裡很是激動。父親永遠是他的標竿，他最感恩和懷念的人。

兩任總計九年的台東縣長任內，每當健庭碰到阻礙，或是堅持的決策暫時不被外界理解，他的耳邊總會迴盪著，之前很多長輩說當年父親幫他們做了什麼，而且做得多好之類的感念話語。

「人生以服務為目的，透過縣長這個位置可以幫助到很多人，也幫助一個地方解決很多問題，造福鄉里。」父親立下的政治典範，讓他窺見了當初離開金融圈時，心中渴慕尋找的人生意義，那時他就告訴自己：「我也要跟父親一樣，成為令人懷念的縣長。」

我知道健庭父親的事，讓他心裡多少有些遺憾。健庭的父親在他第二次當選立委的時候二度中風，臥病在床七年後逝世。「這也是我很大的遺憾！我當上縣長的時候，常會想說如果他人還清醒的話，我們父子倆就可以促膝長談，讓父親傳授我一些他當縣長時的經驗，那該有多好！」

但實際上，健庭已經不只一次聽到鄉親讚許說：「你把台東帶到這個境界，提升這麼多，你爸爸一定會感到很欣慰！」在出版台東治理經驗的新書《台東不一樣》發表會上，健庭的母親也提到，健庭的父親是最棒最棒的縣長，「但健庭做得比他爸爸更好。」

健庭的父親是第六、七屆的台東縣長，與健庭相隔十屆、四十年，時空背景相差將近半世紀，施政的重點自然大為不同。

當年，父親的施政著重基礎建設，為鄉親拉水、拉電、廣設國中小學，用教育來協助孩子脫貧；到了健庭當縣長的時候，台灣面臨少子化問題，施政重點反而變成裁撤學校，化零為整，以提升各所學校的教育品質與水平。

健庭用來提振台東經濟的方式，是以推動特色觀光產業為主。而且這時他才發現，「人的腳步為耶和華所定」這句經文果然不假，他赴美求學培養的國際觀、金融資產管理公司的操盤經驗，以及ＭＢＡ的專業訓練，全都在當縣長的時候派上用場。

「當我以一個縣長的身分做決策時，絕對會受到過去的成長和人生歷練影響，對台東未來的想像，也絕對跟我個人的視野和格局有關。」健庭也深信，政治要造福人民，讓人民過好日子，而創造經濟與就業是改善民生、造就家庭的優先目標。

至於如何帶動整個縣府團隊，達到齊力拚經濟的領導境界？健庭首先運用了企業經營的精神，把企業講究效率和效能的經驗引進縣府。

他強調說：「領導者要先為團隊勾勒出一個清晰的願景，也就是我們要把台東帶到哪裡去？上任之初，我的目標就很清楚，要讓台東成為繁榮家園，手段則是透過『觀光』」。

設定好目標之後，他會在主持會議時，指導團隊如何落實，不斷叮嚀：「把人帶進來、把東西賣出去」。儘管健庭沒有高喊「台東發大財」，但時隔多年後，他確實做到了這一點。

台東在二〇一一年開始舉辦的「台灣國際熱氣球嘉年華」，被知名旅遊頻道 Travel Channel 評選為世界十二大熱氣球節活動；二〇一六年，WSL 國際衝浪聯盟世界冠軍賽，也將台東列入指定賽場……，隨著健庭成功達到「將台東觀光國際化」的目標，無論是縣府還是民間，困窘的財務狀況都陸續得到改善。

二〇一八年十二月，健庭在卸任交接致詞時提到，當初接手縣府時是負債七十億、年年短差十五到二十億的財政結構，九年後，他不但留給饒縣長，一百五十多億已核定的建設經費；台東的民間金融存款，也增加了將近四百零五億。這表示整體來看台東鄉親比以前變得更富足了。

健庭將一切施政績效歸功於團隊，但其實同仁們都知道，九年來若非縣長不斷激發他們的榮譽感和使命感，還自掏腰包設立「台東金僕獎」發獎金表揚，同仁內心的熱忱恐怕不會這麼大爆發，甚至做到成為其他縣市效法的對象。像是台東縣政府財政處長就曾經受邀到苗栗分享如何開源節流，因為苗栗縣政府已經發不出薪水，快被中央接管。

而若你問健庭，九年的縣長生涯，最大的成就感是什麼？他會告訴你，就是做到連不喜歡你的人都肯定你。「被感謝勝過於被喜歡！」這真的很不容易。曾有人在他的臉書留下這麼一段話：「雖然不太喜歡您，但是您在台東做了很多事，謝謝您！」讓他倍感欣慰。

隨意瀏覽一下健庭的臉書，可以看到很多感謝留言。曾有台東鄉親大讚健庭和小燕：「歷任台東縣長中，真正為台東縣民做事及爭取福利的一百分縣長及縣長夫人。」

正因為健庭是個不可多得的政治人才，卸任至今，外界都很關心他的下一步動向，倒是他自己，很享受當前這種到處演講，分享台東成功經驗的生活。實際上，我也期待他放鬆一段時間就好，之後還是要趕快「歸隊政治」，投入服務人群的行列。

就在一次我為健庭的禱告中，我清楚看見了三個畫面。第一個畫面是：健庭手拿石槌，正在攀爬一座石砌的高牆，那座牆非常堅固，健庭必須用力槌進牆縫，才能一步一步往上爬，過程非常辛苦。

第二個畫面是：健庭蹲坐在城牆外的路邊，手拿鐵杵，身旁還有一盆水和石頭，他奮力地不斷將鐵杵磨細磨尖，終於皇天不負苦心人，鐵杵被他磨成了繡花針。

第三個畫面是：一列健庭搭乘的火車，急駛行經過一條連接兩座山的高架鐵路橋，雖然火車順利呼嘯而過，但後頭的鐵道卻開始崩塌。看到這個畫面，我領受到神要健庭回頭去修補鐵道。

這三個畫面讓我覺得神還要使用健庭做更大、更難的事，所以卸任看似是終點，其實也是起點！相信不久的將來，健庭就會找到一個更大的新舞台，運用治理台東的成功經驗，創造出下一個令人驚豔的執政奇蹟！

萊雅集團台灣區總裁

陳敏慧

意志

不要只窩在自己的小窩裡，
要走出去看大江大海，
然後勇於挑戰自己，
畢竟年輕就是本錢！

從小立志當老師的 Amy 陳敏慧，
長大後卻一腳踩進美妝產業，
而且一待就是二十多年，
還成為萊雅台灣區第一位女性總裁。
正當她渴望不斷邁向晉升之路時，
突如其來的心肌梗塞，
讓她認清什麼是人生最重要的事……

「鋼鐵般的意志」這句話很常用來形容男性，但放在我的好友陳敏慧 Amy 的身上，非常貼切。

見面這一天，風和日暄，我們一行人來到了台灣萊雅位於台北一〇一的辦公室。座落於二十三樓，金黃色的朝陽從大片的落地窗灑落，卻絲毫掩蓋不了 Amy 整個人散發出來的強烈氣場。

她的意志力有多強大？

指著手臂上的擦傷，Amy 告訴我們說，前一天她見天氣很好，加上難得下午五點就提早下班，一時興起騎著腳踏車到淡水看夕陽。不料，騎到圓山飯店前面時，一陣風襲來，她一手拉住帽子，一手緊急煞車，不小心煞到了前輪，導致整台腳踏車往前翻過去。

「小姐，妳還好嗎？要不要幫妳叫救護車？」路人見她摔得不輕，好心詢問是否需要幫忙，強忍著痛楚的 Amy 不僅拒絕了對方，還一臉燦笑地說：「我很好！不用了，謝謝！」但回到家查看才發現，原來不只手臂，連臀部都有些許的擦傷。

你以為 Amy 是摔車後就馬上回家嗎？不！她這個意志猶如鋼鐵般的女子，拍了拍身上的塵沙，確認腳踏車沒壞、自己大致無恙，竟然又按照原先的計劃，繼續馳騁到關渡橋去看夕陽，等到夕陽西下再摸黑折返，來回大約花了三個半小時。

我們聽了直呼不可思議，都已經摔車了，人也擦傷了，仍舊咬著牙繼續完成當初預設的目標——到淡水看夕陽，只能說 Amy 果真令人敬佩！當下我就告訴她，一定會把這個小故事寫在文章最前面，因為從這件小事就可以充分看出，Amy 的堅持與毅力有多驚人！

目標導向／曾在奧美共事，眼中的 Sandra：使命必達！

物以類聚，人以群分。我會那麼喜歡 Amy 這位朋友，還真不是沒有原因！

前段時間，Amy 送了一本她寫的書給我，趁著一次出國搭機的機會，少了外務攪擾，我靜下心來細讀每一個篇章。字裡行間看似平實，情節卻是高潮迭起、峰迴路轉，看得我心有戚戚焉。

這次見面，我忍不住跟 Amy 分享：「妳的書我越看越感動，從頭到尾看完一遍，還很想再從頭看一遍，真的是太棒了！而且我這才明白，難怪我會那麼喜歡妳，書裡面寫的很多事情，若換作是我，肯定也會做一樣的決定。」

Amy 聽了之後則說，幾年前她讀了《我是余湘》這本書，心中興起很大的感動，因為我也是設定好目標就會努力達成的人，那股追求目標的強大意志力，讓她在我身上看到了自己的身影，我們處理事情的方式真的是英雄所見略同！

更有意思的是，早在三十幾年前，我被挖腳到奧美廣告擔任媒體採購，Amy 也在奧美擔任業務工作。早年面對時下流行的拚酒文化，個兒小小的她一點也沒在怕，常常拿起酒杯就豪爽地一飲而盡，很懂得如何跟客戶搏感情，因此談成不少業務。

當年她對我的印象是「使命必達」！「那時是媒體的黃金時期，很多廣告檔別人買不到，只有 Sandra（編按：余湘英文名字）買得到，所以只要我的客戶需要，Sandra 一定可以幫我買到。」

Amy 接著說，在近幾年的互動裡，令她印象最深刻的還多了「大愛精神」這一點，因為我透過開辦「知行者傳播管理學院」，邀請業界翹楚和產業巨擘來開課，讓今天的年輕世代可以站在巨人的肩膀上放眼未來。「而且我的感覺是，不管有什麼困難，只要去找余董就可以解決，她就是這麼一個值得信任依靠的人！」。

至於我眼中的 Amy，因為時常展現「無私」，同樣也是一個很有大愛的人。舉例來說，當初創立知行者傳播管理學院的初衷，主要是想彌補當今大學教育大多專攻學術，實務傳承卻不足的情況，於是我運用私交，找了一些優秀的好朋友來當學院的授課老師，Amy 便是其中之一。

Amy 的工作行程超滿，常常得到國外出差，但一聽到我開口邀約，二話不說就馬上答應，後來也真的兌現承諾。按照正常程序，講師上完課之後我們都會支付講師費，金額足夠讓她買一個名牌包來犒賞自己，沒想到 Amy 堅持不收，還要我們捐贈給慈善機構，當下我就知道她是一個無私的人。

她同時也將這種精神落實於毫無私心地提拔台灣優秀人才，讓他們得以躍上萊雅的國際舞台。

一九九七年加入台灣萊雅的行列，Amy 就一路帶兵作戰、屢創佳績。幾年後，為了尋求更大的挑戰，還主動申請外派到巴黎的萊雅總公司，並且是攜家帶眷一同前往。在當地歷練兩年後，正逢公司收購日本彩妝品牌植村秀，她才又被派回台灣接手整合併購的工作。

Amy 不僅是台灣萊雅外派到法國總公司的第一人，二〇一〇年接下台灣萊雅的總裁大位，亦是台灣萊雅成立以來，首次晉用本土籍總裁。一次次的漂亮戰績，讓她聲名遠播到連萊雅的全球 CEO 都知道，還公開讚賞她是「Iron Lady」（鐵娘子）。

正因為自己的諸多首開先例，讓法國總公司看見台灣人才，近年來 Amy 也將重心放在人才的培養和外派，讓年輕一代的優秀人才有機會到海外歷練。截至二〇一九年底，她已經外派近二十個人，一手推動台灣人才在全世界的萊雅發光發熱。

Amy深諳留才之道。她本身是個極為熱愛挑戰的人，回想當初加入台灣萊雅，若不是因為工作充滿挑戰與新任務，企業文化重視員工們求新求變、不斷學習，她也不會一待就是二十多年，不僅如魚得水，並且持續發揚這股企業文化。

二〇一五年，法國在台協會有感於Amy長年致力於萊雅集團在台灣的發展，加上她在任職台灣法國工商會理事長期間，積極推廣法國文化，加強法國的在台形象，因而頒授了「法國國家功勳軍官」的勳位給她，象徵莫大的榮譽和肯定。

我發現，一談到當年獲頒的這個勳位，Amy的嘴角弧度特別上揚，眉宇間散發出一股驍勇善戰的英氣。「法國的軍官獎有五個等級，我是第四個等級，勝於騎士等級，但得獎時我故意開玩笑說騎士勳章聽起來比較厲害……，實際上能得這個獎，我個人覺得是蠻大的榮耀！」

對於喜歡把自己想像為「現代花木蘭」的她來說，還有什麼比軍官勳位的肯定，更令人感到振奮呢！而且別說是她本人了，連我都超級羨慕呢！

人生三不朽，無非就是立德、立功、立言，尤其行至耳順之年，在我眼中，但凡那些美貌、金錢，乃至於各種廣告獎項，儘管曾經重要，如今已不再是追求的目標，現在我更在意的是，能否為這個世界帶來影響力。

立言（著書）固然是其一，但若能像 Amy 這樣，透過長年的積極耕耘和投入，贏得超越國界藩籬的榮譽肯定，立德又立功，那該有多好！這也是我對 Amy 敬佩得五體投地的原因。

代母圓夢／感念辛苦栽培，當老師滿足母親的期待

古代花木蘭，代父從軍，現代花木蘭 Amy，同樣是個孝女，她曾經為了滿足母親期待，手執教鞭一段時間。

只要談到母親，Amy 臉上的表情就會從剛毅變柔軟，言談之間盡是懷念。不同於一般的慈母形象，Amy 常戲稱自己的媽媽是個「女超人」，因為她也是個意志強大的女性。

雖然只有初中畢業，婚後成為全職家庭主婦，沒有出社會工作過一天，Amy 的媽媽卻幾乎十項全能，不僅燒得一手好菜，任何可以幫忙家中經濟的工作，舉凡養雞

養鴨養牛或是種田種菜，全都一手包辦。有時，家裡的電線壞掉，媽媽看爸爸很忙沒空處理，就會自行拿出工具修理，讓 Amy 佩服得五體投地。

「對我來講，沒有什麼事情難得倒我媽！」Amy 還記得，每次回家只要喊一聲：「媽，我回來了！」眼前就會出現媽媽親手做的傳統美食，像是米香、年糕、草仔粿等，讓她一嚐幸福滋味，母女倆的感情相當深厚。

Amy 的媽媽喜歡唸書，可惜當年家裡經濟不允許，初中畢業後就無法升學，因此打從 Amy 還小的時候，媽媽就明白表示希望她長大當老師，一方面彌補自己失學的遺憾，另一方面也因為老師在當時來說，稱得上是一份有保障又受人尊敬的職業。

為了讓 Amy 專心學業，儘管在那個年代，班上多數同學放學回家後還得幫忙農事，Amy 卻什麼都不用做，只要好好唸書即可。她的在校表現，同樣也不曾讓媽媽失望過，從小就是班上的第一名，還順理成章被選為班長，並且當選模範生，十足的人生勝利組。

直到小學五年級要升六年級時，班導師跟 Amy 的媽媽說，如果要讓女兒以後更具競爭力，必須去台北唸書。「這個老師是影響我一輩子的人，也是貴人。當我媽聽到老師如此建議，二話不說，馬上把我從鶯歌轉學到台北的小學，等於小學六年級我就離家，不曾再住過家裡。」Amy 憶道。

寄人籬下的日子，難免侷促，加上 Amy 小小年紀就離家北上「打拚」，還得強忍對家人的思念……，然而所有的外在現實皆提醒著她，一定要加倍努力，才不枉這一切的犧牲，以及母親的用心栽培。

台北親戚家裡沒有多餘房間，只能在客廳裡用布簾隔出一張床的空間，Amy 連安靜讀書的空間都沒有。於是，她想出一個應變策略，就是晚上七點吃完飯馬上去睡覺，睡到半夜兩、三點，親戚一家人都睡了，才摸黑起來「唸書」。

她真的是在「唸」書喔！意思是邊看邊把課本內容唸出來。「眼耳並用」是她的習慣，這多少有助於加強記憶，但為了避免吵到親戚，她會特意跑到屋子後面的陽台，利用室內一點微光，坐在陽台邊上唸書。

據 Amy 形容，邊唸的同時，耳邊還會傳來「燒肉粽，賣燒肉粽……」的叫賣聲，常聽得她毛骨悚然，對這段艱辛的苦讀歲月，至今仍記憶猶新。對比她的初中生涯，我的初中是在無止盡的游泳訓練中度過，但由於我們心中都有明確的目標，「意志」

也因此練就得越來越強大。

這樣的日子過了三年，初中畢業只考上第二志願，一度讓 Amy 有些失意。上高中之後，立志考進師範大學以便日後走上教職的她，更是一天到晚窩在圖書館 K 書，結果大學聯考還是「沒考好」，沒考上師大，反倒進了台大外文系。

我知道很多人看到這裡一定會想，拜託，台大外文系是很多人求之不得的夢想科系，怎麼會說沒考好呢？其實 Amy 所謂的沒考好，是從家人的角度來看。當時若能考上師大公費生，不僅學費全免，畢業後還保證就業，所以母親確實曾對她的聯考結果感到失望。

大學畢業後，她沒有忘記從小立志當老師的願望，進入靜修女中夜間部當英文老師，但很快她就發現自己並不適合老師這個工作。

「我一直覺得教育的重點不只是在教書，更是在教人，」Amy 接著說道：「那時候教夜間部，常常改週記改到都快哭了，學生白天在工作，生活環境很複雜，我在他們心中是個亦師亦友的導師，對他們複雜的人生問題卻使不上力，只能乾著急，所以覺得自己實在不適任。」

「經師易為，人師難當」，知道自己是個喜歡迎接新挑戰的人，教職工作的日復一日，實在激發不了內在熱情。書教了一年，在取得母親的理解之後，她決定轉換跑道。

轉換跑道的第一份工作是在奧美擔任廣告業務，因緣際會我們得以相識。接下來，她前往美國深造攻讀MBA，畢業後在美國當地的寶僑（P&G）歷練了幾年，然後申請回台，進入台灣寶僑，接著被挖角到萊雅。

據Amy所說，轉換跑道之後的她，一路走來，努力追求目標的動力，已經不若以往只是想滿足母親的期望，而是為了自己。「當一個挑戰來了，也順利克服了，會讓人想要繼續再設定一個新目標，因為享受過成就感的滋味，就會想要追求新的成就。」這段話聽得我心有戚戚焉。

母親過世之前，Amy已經升任至萊雅化妝品事業部的總經理，對於女兒的成就，感到相當的驕傲和欣慰。我想，即使Amy早年未能如願縱橫杏壇，後來在台灣甚至國際舞台發光發熱，也算是換個方式一圓母親的夢吧！

另類家庭／分隔兩地的教養之道：身教勝於言教

除了母親，對 Amy 事業發展影響最大的另一個人，就是她的另一半了！說起他們夫妻的愛情故事，也是很有戲，情節宛如偶像劇。之前提過，母親在 Amy 小學六年級就把她轉到台北的小學，據先生事後回憶，當時在班上一見到她這位新同學，眼睛為之一亮，還暗自祈禱著她坐在自己的周圍，沒想到果真如願，後來又發現 Amy 跟他同年同月同日生，奇妙的情愫從此在心裡滋長。

後來也正是因著這個「同年同月同日生」，讓看似不搭嘎的兩個人，始終沒有離開過彼此的生命中。

Amy 說，當時她在班上是個名列前茅的模範生，先生是足球校隊，不是很專注在課業成績上。小學畢業後，兩人一度沒有任何交集，唯獨每年生日到來之前，彼此都不忘要寫一張卡片祝福對方，若有似無的緣分也就這樣淡淡延續著。

上了高中，先生得知 Amy 就讀中山女高，趁著某次參加她們學校活動，透過廣播說要找「高二群班，陳敏慧！」Amy 回想當年碰面時的景象，一堆同學圍觀看熱鬧，糗斃了！但從她敘述時的表情，我也看得出來，其實她心裡還蠻高興的，至少證明了對方很在乎她。

但你以為男女主角會從此展開一段純純的愛戀嗎？並沒有喔！那時候的Amy，幾乎每天下課都在圖書館唸書到很晚，讓先生再次深覺彼此真的是不同世界的人，而不敢有所動作。

偶像劇繼續演到大學時期，兩個人都就讀人稱的「最高學府」——Amy就讀台大、先生就讀位於陽明山的文大。

據Amy說，上大學之後寫生日卡片給先生，不僅全用英文，還引用莎士比亞的句子，看得先生滿肚子火，覺得這個同學也未免太愛炫了吧！反倒是先生的媽媽（Amy後來的婆婆），得知Amy寄信來，便鼓勵兒子展開追求。但兩人真正走到交往，是在Amy計劃出國唸書之前。

先生的家庭很聯合國，哥哥留美、大姊留德、二姊留法，而爸爸在日本工作，是個超級國際化的家庭。因此當Amy開口說：「我要出國唸書，可以問你一些問題嗎？」先生馬上答應，他肯定知道這是拉近兩人距離的大好機會，實際上也是，互動沒多久，兩人就決定在一起，並相繼前往美國留學，最後共組家庭。

二〇〇〇年，Amy 擔任萊雅化妝品香水事業部副總經理時，主動申請外派到法國總公司，時任花旗銀行消費金融部副總裁的先生，為了支持妻子的夢想，選擇以留職停薪的方式，帶著分別就讀幼稚園和小一的兩個孩子，到法國巴黎當起了「家庭主夫」。

兩年後，Amy 被指示要回台灣接下植村秀這個新品牌，先生才重返原先的工作軌道。但時隔八年後，二〇一〇年，Amy 被總公司晉升為台灣分公司的總裁，先生在為她感到驕傲之餘，也答應再次放下工作，以「家庭主夫」的身分帶著兩個孩子前往加拿大求學，而且一待就是五年。

「很多老外很難想像夫妻會分開這麼久，以為我們已經離婚！」Amy 聳了聳肩，一派輕鬆解釋說，其實這種情況在台灣很常見，只不過大部分都是由媽媽帶，我們家比較特別的是先生在帶，「所以真的很感謝我先生，我們一家人的感情非常好。」

這又是一個很特別的地方！長達五年的時間跟孩子們分隔兩地，又剛好是孩子青春期的階段，母子間的情感怎麼維繫，而不會感到越來越生疏？這著實考驗著 Amy

的親子教養藝術。「所以我把自己的親子關係詮釋成當孩子的好朋友，尤其母親這個角色，因為我投入的時間很少，所以必須要重質不重量。」

拜科技所賜，她和兩個兒子常常透過 Skype 聯繫感情，通話過程中，也會盡量鼓勵他們暢所欲言，並關注他們生活中發生的一些細微事情，避免孩子感覺被疏忽，最後連講都不想講了！

Amy 告訴孩子們：「需要我的時候，隨時都可以 call 我。」有一次，兒子的室友被發現吸毒，還真的在半夜一點時打來，當時她也強忍著睏意耐心安撫。另外她會主動問孩子最近看了什麼電影，或是去吃了什麼覺得好吃的餐廳，從生活化的角度切入對話，也是親子之間保持同步的一種方式。

在我看來，Amy 真正的大絕招是：鼓勵孩子們寫信！她聽到孩子在異鄉求學面臨到很多挫折，就鼓勵他們把媽媽當成收信人，以「Dear Mom」開頭，提筆寫下心中的沮喪，而每次見面時，她都會拿到厚厚一疊的信。藉由這種抒發情緒的方式，不僅讓她對孩子的內心掌握更多，也幫助孩子平穩心情，同時還練就了良好的表達能力。

透過孩子們的回饋，她也發現到，雖然自己過去給予的「言教」很有限，「身教」

卻十足具有說服力。前幾年之所以會出版新書，除了因為有出版社的邀約，另一個很重要的原因就是聽到兒子講的一句：「媽，妳是不是應該要出一本書？因為所有的偉人都要出書。」

原來自己在兒子們的心目中是偉人等級！代表兒子們對於媽媽身上展現出來的生命態度，都默默看在眼裡。但凡事一體兩面，當媽媽猶如偉人般的存在時，站在孩子的角度，壓力其實也不小。

兒子也曾經跟 Amy 坦承不諱地說：「媽，妳不知道其實妳的存在就是一種壓力！」聽得她不再對孩子要求太多，並且鼓勵他們不要做比較，重點是過得健康，追求自己的幸福、快樂。她也相信，每個小孩都有榮譽心，只要有機會體驗到被肯定的成就感，自然就會不斷往前邁進。

即使奮鬥打拚的過程中，有時免不了孤單，像是先生帶著兒子旅居加拿大期間，每逢週末假日，難得想出去走走卻沒有家人在身旁，Amy 只好獨自想念著遠在他鄉的老公跟小孩。

「那種心情是很心酸的，」話才剛說完，Amy 又隨即轉念表示：「可是我知道這是自己要的，畢竟這是我那麼熱愛的工作，既然老公支持我、小孩也支持我，承受一些孤單又算得了什麼呢？」

這讓我想到電影《想飛的鋼琴少年》（*Vitus*）中的一句台詞：「雖然飛機停在地面上會比較安全，但是飛機就是應該在天上飛。」這不就是Amy的寫照嗎？她這架超強戰鬥機，天生就該在天空翱翔。

從心對焦／心肌梗塞險些奪命，重整人生優先順序

在家相夫教子、洗手作羹湯的事情，我和Amy這種重視事業的女性不是做不了，但因著天生特質使然，我們更加嚮往展翅飛在廚房外的天空。幸運的是，我們都有個願意成全的另一半，以及樂於把媽媽當偉人看的寶貝兒子。

甚至於，我們也都曾經在事業高峰之際，險些被一場突然降臨的大病奪命。我遭受「腦動脈瘤破裂」的致命威脅，而Amy則經歷了「心肌梗塞」。

Amy至今仍忘不了病發前的那一晚，日子一切如常，宛如暴風雨前的寧靜。二

○一五年，被徵召到中國打天下的她，趁著聖誕節的假期，回台灣跟先生、小孩一起開車環台，從台北出發，一路沿著宜蘭、花蓮，開回他們買在高雄美術館旁的房子落腳。

夜裡的高雄，燈火輝煌。Amy 的小兒子是調酒師，自家頂樓還有個吧檯，小兒子靈感一來，為她特調了一杯酒，取名為「Sunset for Amy」。好景當前、美酒當口，身旁還有深愛的一家人相伴，Amy 忍不住心想，人生最幸福愜意的事，莫過於此吧！當時哪想得到，命運的轉折點早已經隨著時鐘上的秒針，倒數逼近。

記憶中，大概是半夜一點多的時候，睡夢中的 Amy 突然像是被人掐住脖子，呼吸出現窘迫，她第一個反應是喊叫熟睡中的先生，但先生沒聽到。正當她感覺自己快淹沒入深海裡，死命掙扎之際，整個人掉落到了床下，而也就是那「碰——」的一聲，奇蹟似地救了她一命。

「我覺得是撞了那一下救了我，因為醫生跟我說，如果我是昏在床底下沒人知道，大概也就走了，可是撲通掉到床底下，那個撞擊反而讓我的血液震動一下，變得開始流通。」回憶起那一刻，Amy 仍舊心有餘悸，眼眶一度泛紅，因為那次的瀕死經驗，實在是太痛苦也絲毫無法預測！

強大的撞擊聲將 Amy 的先生驚醒，家人立即驅車趕回台北的振興醫院就醫，一做檢查後發現，她的心血管竟然已經堵住了百分之九十，醫生見情況緊急，馬上要求她住院接受治療，並且安裝心臟支架。

過程中，醫生曾經難以理解地問說：「心血管堵住了百分之九十幾，妳難道都不知道嗎？一定有症狀啊！」

Amy 先是搖頭，後來用力回想了一下才慢慢想到，發病前的幾個月，有一回到南京出差，早上出門先是覺得胸口有點悶，抵達高鐵站用跑的趕高鐵時，也覺得有些喘，當時以為是壓力導致，並未將這些症狀放在心上，殊不知那時候心臟已經出現問題。

住院期間 Amy 開始反省，那段時間以來的生活型態，到底出了什麼問題？結論是，也由於她的意志堅強，自從一年多前到中國開疆闢土，硬是把自己當鋼鐵人操，才會導致健康亮紅燈，差點連命也失去。

Amy 自己說，當時的心態就是，既然來到了中國，面對人口高達十幾億的市場大餅，加上萊雅總部高層寄予厚望，當然要大展身手一番。而中國幅員廣大，她一派駐到上海就開始馬不停蹄地出差，頻率之高，後來索性隨時備妥一個可以滿足三天兩夜需求的行李箱，以便立即出發。

為了迅速掌握中國市場的特性，並向大老闆報告未來的經營策略，她幾乎每天都工作到半夜十二點，忙到連專屬司機都請辭說：「老闆我撐不下去了。」Amy自己當然也累，但意志強大的她還是繼續撐著，因此才到中國半年就做出成績，贏得大老闆的信任。

當時的她以為，接下來的發展會一如過往般，因為戰績告捷而繼續被往上晉升，攀至集團內的頂峰。沒想到，一場無預警的大病，讓她受制於健康因素，被迫從中國鎩羽而歸，這段經驗因此成為她生命中最大的一個挫折！

「人生有不同的風景，以中國的工作模式來說，需要的是很強健的身體，可是我的狀況在當時是不行的。」那次的生命轉折也讓她開始反問自己：人生最重要的是什麼？如果明天就要離開這個世間，會後悔什麼？

想了想，答案是：「我不會後悔工作沒有做好，但會後悔跟家人相處的時間稍微少了一點，跟自己的對話時間也稍微少了一點，所以從那之後我心態上有很大的轉換，變得比較重視活在當下。」

她舉例說，以前的自己，成天想著明天的目標是什麼？或是該如何帶領團隊達成某個目標？還有，明年的預算要怎麼做？身體的時態是現在，但心裡的時態在未來。慢慢把自己從未來拉回到當下後，她才開始懂得欣賞自家外面的基隆河景，靜靜看著緩緩升起的日出，以及幻化萬千的雲彩，享受當下的片刻美好。

鬼門關前走一遭，也讓她深刻體悟到，縱使人的意志再強大，還是無法操控自己的生死。為了能夠陪家人久一點，實現跟先生約定周遊列國的夢想，她開始調整生命的優先順序，以前是工作、家庭、健康，現在完全顛倒過來，因為少了健康為先的這個「1」，不管後面有幾個「0」，一切最後還是零。

二〇一五年轉調回台灣之後，Amy二度接下萊雅台灣區總裁的職位，但對比五年前，老闆說她是「Amy 2.0」，因為五年後的她，不只專業能力更加提升，生命也有所蛻變。至於我眼中的Amy，則是變得更有「人味」了！

以往的她，人稱「數字女王」，不僅對數字敏感到連財務長都有壓力，對業績目標也要求很高，擅長用寫成功腳本的預先規劃方式，帶領團隊一步步達陣；現在的她，同樣很重視目標的達成，但激勵團隊的方式除了理性，更添感性。

Amy目前主掌十七個品牌，其中一個經營得比較辛苦一點，前段時間她去企業訓練，想勉勵該品牌的同仁突破瓶頸，當場分享了自己跟先生到斯里蘭卡旅遊時，遇到的真實故事。

有一年聖誕節，她和先生造訪斯里蘭卡的錫蘭茶園，從山頂駕車離開後，沿著山路才轉了一個彎，就看到有個年輕人在路邊賣一束一束的花，還熱情地向她招手。Amy和先生都沒有理會，心想老夫老妻了，哪裡需要送什麼花，腦中自然沒有想買的念頭，車子就這樣從年輕人面前呼嘯而過。

沒想到轉到第二個彎的時候，那個年輕人居然又出現在他們眼前，Amy嚇了一跳，想說不是才剛看到那個年輕人嗎？他怎麼跑得比車子還快？更何況也沒見到他追上來啊！原來對方是切直下山，所以比開車早到。吃驚的Amy開口問先生要不要買花，先生回應說要趕路，不要買，又從年輕人面前駛過。

開著開著又轉了一個彎，第三次遇到年輕人，Amy忍不住，轉頭向先生提議說：

「我們來買吧！這個年輕人真的很有心！」無奈先生再以趕路為由，沒有停車的意思。

但這時的 Amy，已經被年輕人的毅力所感動，帶點央求的意味對先生說：「我們開回去跟他買花好不好？」結果還是沒得到認可，車子繼續往前開。她越想越懊惱，便在心裡暗暗告訴自己，若是那位年輕人再次出現，非得要跟他買束花不可。

果不其然，轉到第四個彎，年輕人再度現身對她親切招手，這時 Amy 已經顧不得先生的反對，以命令式的口吻說：「你現在馬上停車！」接著她搖下車窗買了人生中最有意義的一束花。回程路上，對於年輕人鍥而不捨的精神，依然感到激動不已，尤其對方穿的還不是什麼球鞋，而是一雙夾腳拖。

聽完這個故事，團隊成員們大受激勵，Amy 藉此勉勵大家：「絕對不能放棄！」一旁的業務經理也很聰明，順勢接話說：「Amy 跟你們講的故事，是不是印證了平日常講的，面對客人做銷售，至少要嘗試三次，不要輕言放棄！」

除了不放棄，我相信團隊成員從 Amy 身上，還可以學到很多關於成功的基本態度，例如持續學習。Amy 自己也說，她追求的人生就是「學習的人生」，即使曾外派法國兩年，現在的事業主力在台灣，她仍持續在上法文課。

受邀進行各種演講，面對年輕一輩的職人，包括對自己的孩子，Amy 最常鼓勵他們的是：「不要只窩在自己的小窩裡，要走出去看大江大海，然後勇於挑戰自己，畢竟年輕就是本錢！」

縱使在挑戰自己的過程中，難免會碰到挫折，Amy 也告訴年輕人，挫折是人生裡面的養分，如何不被挫折擊垮，重點就是要培養出良好的「挫折復原力」——她常形容，挫折宛如衣服的皺褶，熨斗就是復原力，熨斗一燙過，衣服就平了！

行到水窮處，坐看雲起時。一度命危的生命邊界經驗，讓我和 Amy 都深刻體會到，在有限度的人生裡，真的沒什麼過不去的坎，只有轉不過去的念。經過大病的洗禮，我倆的生命境界，也已然從見山是山、見山不是山，進階到了見山又是山。人生能得此一摯友，夫復何求？

〈銘傳大學畢業典禮演講〉

謝謝三十六年前的我

終於，還是站上這個講台來了！

此刻的我，是既惶恐又有一點點的後悔。

當初答應了這個演講之後，

我就開始後悔了！

我擔心，我沒有足夠的經驗跟智慧和大家分享，

我害怕，浪費大家畢業典禮的寶貴時光。

但是，現在，我還是站上來了！

校長、各位老師、各位學弟妹，大家好！
我是余湘，很榮幸地，
今天以一個畢業多年的校友身分來跟大家聊一聊。

雖然，我經歷過許多不平凡的遭遇，
雖然，我內心有許多話想對年輕人說，
但我心裡十分明白，我其實不是一個擅長說話的人。
我也知道，我並不是可以在這樣嚴肅的場合，
帶給大家什麼珍貴建言或深刻啟發的人。
這也就是為什麼我會對答應到這裡來演講感到後悔的原因。
但是我選擇面對，我決定突破。

想起三十六年前的我，
就坐在這個禮堂的那個角落啊！

那個時候的我，
除了興奮也感到非常地徬徨。
很期待能夠得到台上的貴賓一些真誠的祝福，
或是可以聽到觸動人心、激勵大家的談話。
所以，我鼓起了勇氣來到這裡，
用最真誠自在的方式來跟當年的我一起談談心裡的話！
現在，你們即將聽見我最真誠、最毫無保留的表達。

首先，我會跟三十六年前的余湘說：妳好，
我們竟然已經這麼多年沒見了！
此刻，在銘傳大學一〇七年的畢業典禮上久別重逢，
終於有機會來聊天敘舊。
談談我離開母校之後，充滿意外的種種遭遇，
談談我這些年闖盪江湖，點滴在心頭的種種感觸。

畢業那年，當我離開這所山坡上美麗校園的時候，
妳一定沒有想到，
一個來自台東偏鄉小鎮，北上求學的年輕女孩，
會在島嶼北端的大都會，
展開一個如夢如幻的生命旅程。

妳一定沒有想到，
一個當時還在廣告公司當總機小妹的工讀生，
最後竟然會以廣告事業作為一生懸命的舞台。
還打造了一個全方位的廣告王國，
與台灣最優秀的專業人才，
一起打拚、一起成長，
留下了許多美好的回憶與動人的傳說……

妳一定也沒有想到，
年輕時候的我為了追求事業，
割捨了當初那個愛得死去活來的高富帥男生，
躲在被窩裡，整整地哭了三天三夜。
多年之後，上天的安排，
讓我遇上了我的真命天子，
是一個離了婚又有小孩的男人，
而這個男人，就是一路陪著我走到今天的另外一半。

生命的美妙真是無法預期的啊！
妳一定也沒有想到，
四十八歲那一年，我在事業最高峰的時候，
卻因為先天性的血管瘤在我的腦子裡爆掉了，

短短十八天之內，我做了三次的重大手術，
在鬼門關前來來回回走了好幾趟。
那時，醫生雖然把麻醉藥打到最高劑量了，
卻絲毫沒有辦法減輕我的痛苦！

腦中風的那次手術，
醫生切開了我的腦殼取出整個大腦，
清理掉所有血塊之後，再重新放回去。
當時情況之嚴峻、手術之困難，
過程中，主治醫生甚至主張暫時停止繼續開刀，
因為那個血管瘤藏得太深，太難清理，
而且任誰也經不起這麼長時間、這麼辛苦的折騰……

手術後陷入了重度昏迷，

親朋好友都束手無策，
只能在一旁祈福、禱告，
我在病床上昏迷了五天五夜，
醫生判定我極有可能會變成植物人。
感謝主，我終於醒過來了，
但是，所有的親朋好友都認為余湘不會再是以前的余湘了。

瘦瘦小小的我從來沒有想到，
我最後堅強地走出來了！
還要以更大的能量、更強的信念，
為我周圍的人做更多的事……

聽到這裡，妳一定會說：
「這太離奇、太驚險了吧！妳怎麼能熬過來呢？」

人生的變化是不可預測的，
每一個人都有他注定要走的道路，
每一個人都有他注定要成就的自己。
而不管這是否能如妳所願，
不論是順境還是逆境，
是小事的選擇，還是大事的決定，
在妳所走的這條道路上，
唯一會從頭到尾陪伴妳的，
就是，妳的勇敢。

所以我會回答妳，
是　勇敢帶我走過來，
是　勇敢幫我挺過來的。
但是，勇敢的意義並不像字面上說得這麼簡單。

我的一位哲學家朋友曾經這麼說：
「如果偉大那麼容易偉大，偉大就一點都不偉大了！」
同樣的，「勇敢如果那麼容易就做得到，
這樣的勇敢應該還不算勇敢！」

對我來講，
勇敢並不是天不怕地不怕，
更不是不知道害怕，
而是明明妳心裡很害怕，
但是，妳還是會去面對它。

勇敢也不只是被動地去作選擇，
有時候，我們還要主動去面對挑戰。

凡事都挑簡單、安全、保險的去做，
那麼，它就會倒過來限制妳的志向與夢想。
所以我們不但要對「趨吉避凶」這種世俗的觀念說No，
甚至，有時還要去自找麻煩。

「生命如此短暫，我們必須及早犯錯……」
這是我一位詩人朋友的詩句。
他想要傳達的人生觀是：
生命是如此短暫，
所以我們應該停止過多的徬徨、猶豫，
即便冒著犯錯的危險，
也要及時地、勇敢地去追尋、嘗試、成就自己的夢想。
在我的生命當中，有過幾次重大的跨越。

從一個可以保送師範大學體育系的游泳國手，
跨越到報考一般大專聯考的學生；
從一個還沒有畢業，鄉下來的銘傳會統科、半工半讀的夜間部學生，
跨越到人才輩出、繁星如雲的廣告產業；
從一個廣告產業掌管媒體購買，買方的總經理，
跨越到電視台負責拓展業務，成為賣方的副總經理；
甚至從一個本土公司的CEO，
跨越成為一個國際廣告集團的董事長。

每一次的跨越都需要一些勇氣。
特別是那一次，
在三十歲那年，年紀輕輕的我就當上了聯廣傳播事業的總經理，
我卻一直在等待更上層樓的契機。
這個機會終於在兩年後來臨了，

華視決定在禮拜六的下午冷門時段
開闢專門播放西洋老電影的「閃亮電影院」，
詢問我是否有興趣「包下」廣告。
冒著失去高薪、有司機接送、令人羨慕的位置，
我還是決定「放手一搏」！

這當中，每一次的轉型，
都是一次巨大的跨越，
更是充滿了危機與轉機，
它需要深思熟慮、需要研判趨勢，
更需要掌握時機。
但是，我想最重要的，
就是，放手一搏的勇氣。

即使在職場這麼久了，
到現在，我還是會忍不住地想：
怕什麼？
我才六十歲，
我還年輕呢！

有機會就去嘗試，有夢想就去追尋，
不要怕失敗、不要怕犯錯，
只要能在每一次的嘗試中
體驗到新的事物、學習到新的知識，
那麼，這一切就都是值得的。
因為生命中除了成功之外，
在種種追求的過程中，
讓我們感受到、見識到生命的豐盈，

擁有許多美好的回憶，才是我們努力生活的目的。

有些人也許想得更多、更謹慎保守，
所以也沒有機會犯錯。
但是，他們是不是也因此失去更精彩的人生，
或錯失了更多的可能呢？

勇敢，不只是要面對外在的環境，
更要忠於自我。
忠於自我的意思，
就是要誠實地面對自己、堅持真正的自己，
包括了妳的個性、妳的感受、妳的理想，以及妳所信奉的價值觀，
不要為任何外在的情境、誘惑或者威脅，
做出違背自己信念的事。

我們並不需要偽裝自己。
相反地，我會誠實地表達自己。
因為在職場上，
我覺得我有義務讓每個跟我合作的人都能認識真正的我。
忠於自我會讓別人更信任妳，
也會讓妳更喜歡自己……

在我的職場生涯中，
曾經有過一件別人聽了嘖嘖稱奇，
但對我而言卻是再自然不過的事：
就在民視開台的時候，
我應邀去擔任負責廣告業務的副總經理。
民視，在政治色彩上是屬於綠色的。

我雖然待人處世從不分藍綠，
平時也不張揚自己的政黨喜好，
在藍綠兩邊都有推心置腹的好朋友，
但我始終是一個表裡如一的藍營支持者。

在陳水扁跟馬英九競選台北市長的那段時期，
民視剛好辦了一場盛大的餐會。
董事長和幾個大客戶聊天時，
自然免不了談起了支持哪一個市長候選人的話題。
在一面倒支持阿扁的熱烈氛圍中，
董事長不經意地也問了我心目中的人選，
滿心以為在這樣的場合裡，
不管是出於真心還是假意，
一般人都會做出和大家一樣的選擇。

可是我，卻不假思索地說：「馬英九。」
董事長一時之間愣住了，
露出一副不可置信的表情。

在當天的餐會，
他又多次用了不同的詢問方式，
想確定我會不會更改答案，
即使我知道我可能會因為這樣而丟了工作，
但是最後我的答覆依然讓他失望了。
現在，講起這段故事也還需要一些膽量呢，
我要強調的是勇氣，
我不是要和妳談政治，
我也沒有要和妳談藍綠，
忠於自我，勇敢地做自己。

但是我希望妳勇敢，
並不是要妳暴虎馮河、盲目衝動地去做決定，
這樣的話，妳的勇敢只能有一次，
因為在這一次之後妳就ＧＧ了！

所以伴隨著勇敢而來的，
還有一些別的東西。
例如：「全力以赴」的拚勁，
因為勇敢意味著妳選擇了冒險，
妳打算走一條別人不敢走的路。
那妳怎麼能不比別人更兢兢業業、更努力呢？
勇敢更需要靠腦袋來永續。

我另一位作家朋友說得好：

「帶著鋼盔往前衝，

但是，記得鋼盔的底下要裝一個聰明的腦袋。」

我剛剛說過，勇敢不是不知道害怕、不計較後果，

而是考量過可能的後果、了解各種狀況以後，

仍然選擇去做，

所以當然也就帶著價值判斷、生活態度與人生觀。

勇敢不是一時的，

勇敢是需要永續的，

所以妳必須裝備著超高的ＥＱ來支援，

這包括了良好的情緒管理、清明的自我意識、推己及人的同理心，

也包括對周遭事物的基本善意。

每當我們勇氣十足，
也就是腎上腺激素快速分泌、最緊張亢奮的時候，
這樣的生理及心理狀態
會影響到我們做人、做事時的判斷與效率，
所以我們就必須學會用ＥＱ來管理我們的情緒。

也就是說，不管當時妳有多衝動、有多焦急，
都要努力保有清明的理性之光，
來客觀地觀察自己：
了解妳的處境之後，
幫妳在當下做出最好的選擇。

但是勇敢在很多時候，
也沒有像我講得這麼複雜，這麼困難，

當初，我不也就是在一念之間，
放棄了可以保送國立大學的機會，
以一個游泳國手的身分，
參加了聯考來到銘傳，
如果不是當初的這個決定，
今天我也就沒有辦法站在這裡，
跟三十六年前的我對話了。

一個人最大的成就，
莫過於成為自己喜歡的自己了！
自在、自信、自知、自尊、自然……
不管別人怎麼說、
不管世界怎麼變，
我們都要勇敢地活出自己！

在羅馬神話中，有一個神通廣大的門神，
站在天國的門，掌管著所有的入口，
當時的人叫他 Janus，他擁有兩張臉，
一張臉看著前面，另一張臉看著後面；
象徵著開始與結束，也象徵著過去與未來；
代表著時間的起承轉合。
一月的英文（Ja-nu-ary），就是這樣來的。

一月永遠站在一年的最前面，
向前展望，向後回顧。
穿過他，就如同穿過了一個轉捩點，
我覺得就像此時此刻的你們一樣。

今天，在座的每一位畢業同學站在時間之門，
回憶著流光歲月，
也準備開始新的人生。
最後我想對在座的每一位畢業同學說一句話：

勇敢地活出　最精彩的自己

我也想對三十六年前的余湘說：「**謝謝妳的勇敢。**」
願上帝與你們同在。
謝謝大家坐在這裡聽我敘述：給三十六年前自己的一席話。
謝謝大家！

國家圖書館出版品預行編目資料

像鏡子一樣的朋友 / 余湘作. -- 初版. -- 臺北市 : 商周出版 : 家庭傳媒城邦分公司發行,
2019.11
面； 公分
ISBN 978-986-477-761-7（平裝）

1.自我實現 2.成功法 3.臺灣傳記

177.2 108018745

像鏡子一樣的朋友

作　　　者／余湘
文 字 整 理／魏棻卿
責 任 編 輯／程鳳儀

版　　　權／翁靜如、黃淑敏
行 銷 業 務／林秀津、王瑜、周佑潔
總　編　輯／程鳳儀
總　經　理／彭之琬
事業群總經理／黃淑貞
發　行　人／何飛鵬
法 律 顧 問／元禾法律事務所 王子文律師
出　　　版／商周出版
商城邦文化事業股份有限公司
臺北市中山區民生東路二段141號9樓
電話：(02) 2500-7008 傳真：(02) 2500-7759
E-mail：bwp.service@cite.com.tw
發　　　行／英屬蓋曼群島商家庭傳媒股份有限公司城邦分公司
臺北市中山區民生東路二段141號2樓
書虫客服服務專線：(02)2500-7718・(02)2500-7719
服務時間：週一至週五上午09:30-12:00・下午13:30-17:00
24小時傳真專線：(02)2500-1990・(02)2500-1991
劃撥帳號：19863813 戶名：書虫股份有限公司
讀者服務信箱E-mail：service@readingclub.com.tw
城邦讀書花園www.cite.com.tw
香港發行所／城邦（香港）出版集團有限公司
香港灣仔駱克道193號東超商業中心1樓
電話：(852) 2508-6231 傳真：(852) 2578-9337
E-mail：hkcite@biznetvigator.com
馬新發行所／城邦（馬新）出版集團【Cité (M) Sdn. Bhd.】
41, Jalan Radin Anum, Bandar Baru Sri Petaling,
57000 Kuala Lumpur, Malaysia.
電話：(603) 9057-8822 傳真：(603) 9057-6622
E-mail：cite@cite.com.my

封 面 設 計／徐璽工作室
電 腦 排 版／旭豐數位排版有限公司
印　　　刷／韋懋實事業有限公司
經　銷　商／聯合發行股份有限公司 電話：(02)2917-8022 傳真：(02)2911-0053
地址：新北市新店區寶橋路235巷6弄6號2樓

■ 2019年 11 月 19 日 初版 Printed in Taiwan
■ 2023年 5 月 18 日 初版6.1刷

定價360元

城邦讀書花園
www.cite.com.tw

 ISBN 978-986-477-761-7

商周出版

廣 告 回 函
北區郵政管理登記證
北臺字第000791號
郵資已付，免貼郵票

104　台北市民生東路二段141號2樓

英屬蓋曼群島商家庭傳媒股份有限公司城邦分公司　收

請沿虛線對摺，謝謝！

商周出版

書號：BH6057　　書名：像鏡子一樣的朋友　　編碼：

請於此處用膠水黏貼

商周出版

讀者回函卡

感謝您購買我們出版的書籍！請費心填寫此回函卡，我們將不定期寄上城邦集團最新的出版訊息。

不定期好禮相贈！
立即加入：商周出版
Facebook 粉絲團

姓名：＿＿＿＿＿＿＿＿ 性別：☐男 ☐女

生日：西元＿＿＿＿年＿＿＿＿月＿＿＿＿日

地址：＿＿＿＿＿＿＿＿

聯絡電話：＿＿＿＿＿＿＿＿ 傳真：＿＿＿＿＿＿＿＿

E-mail ：

學歷：☐ 1. 小學 ☐ 2. 國中 ☐ 3. 高中 ☐ 4. 大學 ☐ 5. 研究所以上

職業：☐ 1. 學生 ☐ 2. 軍公教 ☐ 3. 服務 ☐ 4. 金融 ☐ 5. 製造 ☐ 6. 資訊
☐ 7. 傳播 ☐ 8. 自由業 ☐ 9. 農漁牧 ☐ 10. 家管 ☐ 11. 退休
☐ 12. 其他＿＿＿＿＿＿＿＿

您從何種方式得知本書消息？

☐ 1. 書店 ☐ 2. 網路 ☐ 3. 報紙 ☐ 4. 雜誌 ☐ 5. 廣播 ☐ 6. 電視
☐ 7. 親友推薦 ☐ 8. 其他＿＿＿＿＿＿＿＿

您通常以何種方式購書？

☐ 1. 書店 ☐ 2. 網路 ☐ 3. 傳真訂購 ☐ 4. 郵局劃撥 ☐ 5. 其他＿＿＿＿

您喜歡閱讀那些類別的書籍？

☐ 1. 財經商業 ☐ 2. 自然科學 ☐ 3. 歷史 ☐ 4. 法律 ☐ 5. 文學
☐ 6. 休閒旅遊 ☐ 7. 小說 ☐ 8. 人物傳記 ☐ 9. 生活、勵志 ☐ 10. 其他

對我們的建議：＿＿＿＿＿＿＿＿

【為提供訂購、行銷、客戶管理或其他合於營業登記項目或章程所定業務之目的，城邦出版人集團（即英屬蓋曼群島商家庭傳媒（股）公司城邦分公司、城邦文化事業（股）公司），於本集團之營運期間及地區內，將以電郵、傳真、電話、簡訊、郵寄或其他公告方式利用您提供之資料（資料類別：C001、C002、C003、C011 等）。利用對象除本集團外，亦可能包括相關服務的協力機構。如您有依個資法第三條或其他需服務之處，得致電本公司客服中心電話 02-25007718 請求協助。相關資料如為非必要項目，不提供亦不影響您的權益。】

1.C001 辨識個人者：如消費者之姓名、地址、電話、電子郵件等資訊。
2.C002 辨識財務者：如信用卡或轉帳帳戶資訊。
3.C003 政府資料中之辨識者：如身分證字號或護照號碼（外國人）。
4.C011 個人描述：如性別、國籍、出生年月日。

請於此處用膠水黏貼